뉴스로 키우는

경제
지능

뉴스로 키우는 경제지능

연유진 지음

더 나은 삶을 위한 필수 능력, 경제 지능

우리 삶은 선택의 연속입니다. 주머니 사정에 맞춰 값싼 옷을 살까, 아니면 돈을 더 보태 유명 브랜드 옷을 사는 게 나을까? 이런 가벼운 선택도 고민이 되기는 하지만 잘못한다고 해서 큰일이 나지는 않습니다. 그럼 이런 선택은 어떨까요? 대학에 갈 것인가 말 것인가? 대학에 간다면 무엇을 전공할까? 대학 졸업 후 대학원에 진학해 공부를 더 할까, 아니면 취업을 할까? 취업을 한다면 어떤 직업을 가져야 할까? 어느 길을 선택하느냐에 따라서 인생이 제법 달라지겠군요. 중요한 선택인 만큼 신중하게 결정해야 하니까 여러 가지 측면을 고려해야겠죠. 이때 빼먹으면 안 되는 것이 경제적 측면입니다. 위험과 비용은 줄이고 만족을 늘리는 선택이 무엇인지 찾아야 하니까요.

우리에게는 개인이 아니라 한 나라의 국민으로서 선택을 내려야 할 때도 있습니다. 국가를 이끌겠다며 나선 후보와 정당이 제시하는 비전을 살펴보고 소중한 한 표를 던지는 선거 때입니다.

민주주의 국가에서는 국민의 선택이 국가가 나아갈 방향을 결정합니다. 선거관리위원회 포스터에나 등장할 법한 말이지만, 틀림없는 사실이에요. 그러니까 선거에서 누구를 뽑을지 선택하는 건 개인의 진로만큼 중요한 결정입니다. 그만큼 올바른 판단을 내려야 하는데 이때도 경제를 떼어 놓고 생각할 수 없어요. 후보마다 국민이 행복하고 잘사는 나라를 만들기 위해 어떤 정책을 펼칠지, 그 정책을 실행하는 데 필요한 돈은 어떻게 마련할지 공약을 내세우잖아요. 경제를 알아야 그 공약이 정말로 국민을 행복하게 해줄지, 실현은 가능한지 판단할 수 있어요.

그런 의미에서 우리에게는 '경제 지능'이 필요합니다. 학교 시험에서 경제 문제를 잘 푸는 게 아니라 현실 경제가 어떻게 돌아가는지 착착 파악하여 개인으로서 그리고 국민으로서 어려운 선택을 척척 해낼 수 있는 지능 말이에요. 경제 지능을 높이는 가장 좋은 방법은 경제 뉴스를 읽는 것입니다. 경제 뉴스를 읽으면 경제

교과서에서 배운 내용이 현실에서 살아 움직이는 모습이 보여요. 현명한 선택을 내리는 데 필요한 정보도 찾을 수 있고요.

다 좋은데 경제 뉴스를 읽으려 해도 도무지 이해할 수가 없다고요? 지난 10년간 제가 경제 뉴스를 만드는 기자로 일하며 숱하게 들었던 말이랍니다. 청소년뿐만 아니라 성인도 이렇게 말해요. 이건 뉴스의 특성 때문이에요. 2분 남짓한 영상 리포트나 A4 용지 한 장도 채 되지 않는 분량의 기사에는 문자 그대로 '새로운 소식(news)'밖에 담지 못해요. 뉴스의 맥락을 이해하는 데 필요한 배경지식이나 사건 진행 과정이 빠진 정보만 주는 거죠. 처음 경제 뉴스 읽기에 도전하는 독자는 거대한 벽을 만난 기분이 드는 게 당연합니다.

이 책은 이렇게 경제 뉴스 읽기에 어려움을 겪는 독자를 위해 썼어요. 최신 경제 뉴스에서 다루는 주제를 소화하기 위한 경제 이론, 주요 통계, 사회제도, 국제 관계, 역사 등 필수 배경지식을 담

앉어요. 또 뉴스에 담긴 새로운 소식과 배경지식을 연결할 수 있도록 친절한 해설도 덧붙였습니다. 기사에 담지 못해 아쉬웠던 내용을 차근차근 풀어 드릴 테니까 저만 따라오세요. 어느새 '경제'라는 눈으로 뉴스와 세상을 읽고 있는 여러분의 모습을 발견하게 될 것입니다.

자, 그럼 함께 뉴스를 보며 경제 지능을 높이기 위해 출발해 볼까요?

연유진

시장과
물가

경제의 이슈 메이커
물가

"월급 빼고 다 올라"…올해 물가 상승 24년 만에 최고
30일 통계청이 '2022년 12월 및 연간 소비자물가 동향'을
발표했습니다.
통계청 자료에 따르면 12월 소비자물가지수는 전월 대비 0.2%,
전년 동월 대비 5.0%가 올랐습니다. 외환 위기 때인 1998년 이후 24년
만에 최고치를 기록했습니다.
특히 외식과 가공식품 등 밥상 물가가 크게 오른 데다가 난방비까지
치솟아 저소득층 부담이 커질 것으로 우려됩니다.

'물가'는 경제 뉴스에 단골로 등장하는 메뉴입니다. 물가가 올
라가면 "구매력이 떨어져 서민들이 살기 어려워진다."라는 말이,
물가가 내리거나 움직이지 않으면 "경기가 나빠 물가가 제자리걸
음이라 큰일이다."라는 말이 나옵니다. 도대체 물가가 뭐길래 모
두가 관심을 갖는 걸까요? 사전에서 물가를 찾아보니 이렇게 나
오는군요.

물건의 값.

여러 가지 상품이나 서비스의 가치를 종합적이고 평균적으로 본

개념이다.

'물건의 값'이 무엇인지는 알겠는데, '종합적이고 평균적'이라는
건 무슨 뜻일까요?

물건의 값, 다시 말해 가격은 상품이나 서비스가 얼마나 가치 있
는지 돈으로 표시한 것입니다. 미용실에서 머리를 다듬는 데 2만
원, 시원한 레모네이드 한 잔에 4,000원, 콜라 한 캔에 1,000원처
럼 말이에요. 세 가지를 장바구니에 넣었다고 생각해 봅시다. 장
바구니 전체를 사려면 2만 5,000원이 드는군요.

한 달 뒤에 레모네이드 가격은 3,500원으로 내려갔지만, 머리를 다듬는 비용과 콜라 가격이 2만 5,000원과 1,500원으로 올랐어요. 장바구니 전체를 사는 데 필요한 돈을 다시 따져 보니 3만 원이네요. 가격이 오른 품목도 있고 내린 품목도 있는데, 장바구니 전체로는 올랐군요.

이렇게 상품이나 서비스 하나하나가 아니라 장바구니 전체 가격을 **물가**라고 합니다. 오르거나 내린 품목을 아울러서 전체를 따져 보기 때문에 종합적이고 평균적이라고 하는 거죠.

지금까지 세 가지 상품과 서비스를 예로 들어 설명했지만, 실제 뉴스에 등장하는 물가는 훨씬 더 많은 품목을 담은 장바구니 가격입니다.

뉴스에 나온 **소비자물가지수**는 우리가 생활하면서 소비하는 상품과 서비스의 물가를 보여 주는 지수입니다. 보통 물가가 오르거나 내렸다고 할 때 기준으로 삼는 게 바로 이 지수예요.

소비자물가지수는 상품과 서비스 450여 개 품목을 사람들이 보통 소비하는 양만큼 장바구니에 담고, 그걸 몽땅 구매하는 데 필요한 돈이 어떻게 변하는지 비교해요. 이 장바구니에는 고기, 채소, 우유 등 먹을거리, 약값과 치료비, 버스와 지하철 등 대중교통 이용료, 전화 요금, 주택 임대료, 옷값, 영화 관람료, 학원비와 대학

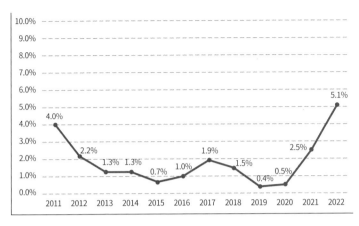

우리나라 소비자물가 상승률(2011년 ~ 2022년) 상승률은 1년 전 물가와 비교한 수치이다.
출처: 통계청

등록금 등 생활에 필요한 품목들이 거의 포함되어 있습니다. 다시 말해 물가가 곧바로 우리 생활에 영향을 준다는 거죠.

현재 우리나라 소비자물가지수는 2020년 물가를 기준으로 삼고 있어요. 2020년 물가를 100으로 놓고 어떻게 변하는지 살피죠. 예를 들어 2022년 소비자물가지수는 107.71인데, 2020년과 비교하여 물가가 7.71% 올랐다는 뜻이에요.

뉴스에서는 보통 "2023년 1월 소비자물가가 전년 동월 대비 5.1%가 상승했다."는 식으로 말합니다. 2023년 1월 물가가 1년 전인 2022년 1월 물가와 비교해서 5.1% 올랐다는 거죠. '지난달'. '전분기'처럼 특별히 비교하는 시점을 말하지 않았다면, 뉴스에서 말하는 물가는 보통 1년 전과 비교한 것입니다.

소비자물가지수만큼은 아니지만 뉴스에 자주 등장하는 게 **생산자물가지수**입니다. 생산자가 상품 및 서비스를 얼마에 공급하는지 보여 주는 지수예요. 이걸 보면 마트, 편의점 같은 소매점이 상품을 사 오는 가격인 도매가격이 어떻게 변하는지 알 수 있습니다. 도매가격이 올라가면 몇 개월 후에 자연스럽게 소매가격도 따라 올라가겠죠? 그래서 생산자물가지수는 소비자물가의 변화를 미리 볼 수 있는 선행 지수라고 한답니다.

물가가 내렸다는 뉴스를 좀처럼 찾아보기 힘든 걸 보면, 별일이 없는 한 물가는 늘 오르기 마련인가 봅니다. 물가가 오르는 게 우리 생활에 어떤 영향을 미치는지 좀 더 자세히 살펴보겠습니다.

'보이지 않는 손'과 시장

경제에서 시장은 판매자(공급자)와 소비자(수요자)가 만나 교환을 하고 자원을 배분하는 행위가 이뤄지는 곳을 말합니다. 무엇이든 시장의 거래 대상이 될 수 있어요. 상품이나 서비스는 물론 부동산 같은 자산, 노동력이나 기업의 경영권도 시장에서 사고팔 수 있죠.

시장에서 상품과 서비스의 가격은 수요와 공급에 따라 움직입니다. 만약 상품을 사겠다는 수요가 늘어나거나 상품을 팔려는 공급이 줄어들면 시장에서 불균형이 일어나요. 상품이 귀해지니까 더 높은 가격을 쳐줘야 교환이 일어나겠죠. 반대로 수요가 줄거나 공급이 늘어서 상품이 흔해지면 가격이 떨어지고요.

영국 경제학자 애덤 스미스는 시장 참여자들이 서로 이익을 좇다 보면 누가 개입하지 않아도 가격이 움직이며 자연스럽게 균형을 찾아 간다고 생각했어요. **보이지 않는 손**이라는 건 이러한 시장의 기능을 표현한 말이랍니다. 물론 현실에서는 이론과 달리 수많은 변수가 시장과 자원 배분에 영향을 미쳐요. 그럼에도 그가 만든 이론은 250년 넘게 시장, 가격, 물가의 움직임을 이해할 수 있는 기본 원리로 인정받고 있어요.

소리 없는 도둑
인플레이션

우크라이나 전쟁 여파…곡물과 에너지 가격 '천정부지'

러시아의 우크라이나 침공 여파로 곡물 가격이 치솟고 있습니다.

세계식량농업기구는 5월에 곡물 가격 지수가 사상 최고치를 기록했다고

밝혔습니다.

러시아와 우크라이나가 세계 밀 수출량의 30% 정도를 책임지고

있는데, 우크라이나의 밀 수출이 막히면서 공급 대란이 벌어진

것입니다.

전쟁으로 값이 오른 것은 곡물뿐이 아닙니다. 러시아산 원유와 천연가스

공급에 차질이 생기면서 에너지 가격까지 폭등하고 있습니다.

한국은행은 이달 이후 식품과 외식 비용, 에너지 가격을 중심으로 국내

소비자물가가 큰 폭으로 오를 수 있다고 전망했습니다. 이에 따라서

인플레이션이 장기화될 수 있다는 우려도 커지고 있습니다.

소비자물가가 오르고, 인플레이션이 장기화될까 걱정이라는 뉴
스입니다. 왜 인플레이션을 걱정하는 걸까요?

인플레이션은 물가가 일정 기간 동안 지속적으로 오르는 현상

을 뜻해요. 여기서 핵심 단어는 '지속적'이에요. 물가가 일시적으로 올랐다가 내려가는 게 아니라 계속 오르는 현상이 인플레이션이라는 거죠. 뉴스에서는 보통 물가가 제법 큰 폭으로 오를 때 인플레이션이라고 합니다.

인플레이션은 왜 생길까요? 수많은 요인들이 복합적으로 얽혀서 생기는 현상이지만, 크게 두 가지 이유로 정리할 수 있습니다.

첫번째는 '수요 증가'입니다. 수요는 상품과 서비스를 사고자 하는 욕구를 의미해요. 어떤 상품을 사려는 사람은 많은데 팔겠다는 사람이 별로 없으면 어떤 일이 벌어질까요? 웃돈을 주더라도 그 상품을 사겠다는 사람들이 나타나겠죠. 그에 따라서 상품 가격이 올라가고요. 이러한 일들이 경제 전반에 쌓이면 물가가 올라가게 됩니다.

수요 증가는 주로 가계*와 기업이 쓸 수 있는 돈이 많아졌을 때 일어납니다. 경제 상황이 좋아서 기업이 돈을 잘 벌고, 일자리가 늘어나고 임금이 오르면 자연스레 쓸 돈이 늘어나요. 어려운 상황을 극복하기 위해 국가가 가계와 기업에 의도적으로 돈을 공급해서 수요가 늘기도 해요. 코로나19가 퍼진 2020년부터 각국 정부가 집집이 재난 보조금을 지급하고 소상공인이나 중소기업에 적

가계
경제에서 소비 주체인 가정을 뜻한다.

은 이자만 받고 돈을 빌려준 것이 그런 경우죠.

두 번째는 '비용 상승'이에요. 상품이나 서비스를 생산하는 데 들어가는 비용이 늘어나면, 기업이나 가게는 늘어난 비용을 소비자가격에 반영해요. 그만큼 물가가 올라가죠. 식당에서 먹는 국수 한 그릇이 어떻게 만들어지는지 한번 상상해 보면 이해하기 쉽습니다.

국수를 만들려면 면을 만드는 데 필요한 밀가루, 국물을 내는 데 필요한 고기, 영양 만점인 채소가 필요해요. 솜씨 좋게 국수를 만들고, 우리에게 배달해 주는 사람들의 기술과 노력도 있어야 하죠. 음식을 조리하는 데 필요한 가스, 전기 등 에너지도 있어야 하고요. 따라서 국수 한 그릇의 가격은 재료비, 인건비, 전기세 등 다양한 비용을 고려해서 결정됩니다. 만약 생산에 필요한 요소 중 하나의 가격이 올라가면, 최종 상품인 국수 가격에도 영향을 미칠 수밖에 없어요.

비용 상승은 우리와 멀리 떨어진 곳에서 일어난 사건이 원인이 되기도 합니다. 2022년 2월, 러시아가 우크라이나의 수도 키이우를 침공하며 전쟁이 시작됐어요. 러시아는 유럽으로 향하는 천연가스 대부분을 공급하는 에너지 대국입니다. 또 우크라이나는 전쟁이 나기 전에는 전 세계 밀 수출의 10%를 차지할 정도로 중요한 곡창지대죠. 이런 두 나라 사이에서 터진 전쟁이 장기화되니 세계적으로 에너지와 곡물 공급이 부족해지겠죠? 결국 원자재 가격이 올라갔고, 비용 상승으로 인한 가파른 인플레이션으로 이어졌습니다.

사람들은 보통 인플레이션을 좋아하지 않습니다. 물가가 오른다는 건 아무도 모르는 사이에 소득이 줄어드는 것과 똑같은 효과가 있거든요. 왜 그런지 알아볼까요?

앞에서 배운 것처럼, 물가는 일상생활에 필요한 상품과 서비스가 담긴 장바구니 전체를 살 때 들어가는 돈의 수준이에요. 인플레이션, 다시 말해 물가가 오른다는 건 장바구니 전체를 사는 데 더 많은 돈이 필요하다는 거죠.

매달 같은 월급을 받는 직장인들은 인플레이션 상황에서는 장바구니를 줄일 수밖에 없어요. 물가가 오른 만큼 몇 가지 상품과 서비스는 사는 걸 포기해야 하죠. 매달 정해진 용돈을 받고 있는 청소년도 같은 처지일 거예요. 편의점에서 1만 원으로 샌드위치에 과자 1봉지, 거기다가 아이스크림까지 살 수 있었는데, 물가가 오르면 아이스크림은 장바구니에서 빼야 할 테니까요.

은행에 맡긴 예금은 어떻고요? 예를 들어 아이패드를 사려고 1년 동안 100만 원을 통장에 모았는데, 그 사이에 물가가 10%나 올라버렸어요. 아이패드 가격도 물가를 따라 올랐어요. 저런, 돈을 더 모으는 수밖에 없겠네요.

정리해 보면 물가가 올라간다는 건 우리가 소비할 수 있는 능력인 '구매력'이 떨어진다는 뜻이랍니다. 그러니 인플레이션을 좋아할 수가 없죠. 오죽하면 인플레이션에 '소리 없는 도둑'이라는 별명이 붙었겠어요.

그렇다면 물가가 내리는 게 좋을까요? 인플레이션과 반대로 구매력이 올라갈 테니까 말이에요. 실제 시장에서도 그럴지 확인해 봅시다.

오일쇼크와 스태그플레이션

1973년 석유수출국기구(OPEC)를 중심으로 한 산유국들이 원유 가격을 합심해 올리고 자신들과 정치적으로 대립하는 나라에는 원유를 수출하지 않겠다고 선언했어요. 1979년에는 주요 산유국인 이란에 혁명이 터지면서 원유 생산량이 크게 떨어졌고요. 그러자 원유 가격이 두 차례에 걸쳐 크게 올랐습니다. 이걸 '1차, 2차 오일 쇼크'라고 불러요.

오일쇼크는 세계 경제에 엄청난 충격을 가져왔어요. 원유 가격이 오르면서 빠른 속도로 물가가 상승했죠. 원유는 에너지원일 뿐만 아니라 수많은 제품에 들어가는 원재료이기도 하거든요. 그러니 물가가 치솟을 수밖에요.

문제는 물가 상승이 가져온 경기 침체입니다. 높은 물가 탓에 소비자는 지갑을 닫는데, 기업은 생산 비용이 올라 상품 가격을 낮출 수도 없었어요. 회사에는 팔리지 않는 악성 재고가 쌓이기 시작했죠. 견디지 못한 기업들은 무너지기 시작하고 일자리를 잃은 사람들이 늘어났어요.

'스태그플레이션(stagflation)'이란 말도 이때 생겼어요. 경기 침체(stagnation)와 물가 상승(inflation)을 합친 말로, 경제는 성장하지 못하는데 물가는 가파르게 오르는 최악의 상황을 나타내는 용어가 됐습니다.

경기 불황의 시그널
디플레이션

물가 상승률 54년 만에 최저··· 일본식 장기 불황 우려

지난해 소비자물가가 0.4% 오르는 데 그쳤습니다. 소비자물가 통계를
작성한 이후 54년 만에 가장 낮은 수치입니다.

지난해 8월과 9월에는 두 달 연속으로 소비자물가 상승률이 마이너스를
기록하기도 했습니다. 석유류(-5.7%)와 농축산물(-1.7%) 가격
하락이 물가를 끌어내리는 데 크게 기여했습니다. 전문가들은 지금과
같은 상황이 장기화되면, 이웃 나라 일본처럼 경기 침체와 물가 하락이
맞물리는 디플레이션에 빠질 수 있다고 경고하고 있습니다.

물가가 지속적으로 하락하는 현상을 **디플레이션**이라고 합니다.
인플레이션의 반대 현상이죠. 앞에서 사람들이 인플레이션을 싫
어한다고 했잖아요. 그럼, 디플레이션은 좋아할까요?

뉴스를 보니 그렇지 않은가 봅니다. 경고까지 하는 걸 보면 절대
로 일어나서는 안 되는 일 같습니다. 경제를 좀 아는 사람들은 디
플레이션을 싫어하는 정도가 아니라 무서워합니다. 디플레이션

의 첫 글자를 따서 'D의 공포'라고 할 정도예요. 왜 디플레이션이 공포의 대상이 되었을까요?

디플레이션이 생기는 이유는 무척 복잡하지만, 크게 두 가지로 정리할 수 있습니다.

첫째는 공급이 늘어나는 것입니다. 어떤 상품을 팔려는 사람이 사려는 사람보다 많은 상황이죠. 중동 산유국들이 석유 생산량을 크게 늘린다고 해 봐요. 그러면 석유 공급이 늘어날 테니 에너지 가격이 내려가겠죠.

생산기술이 발전해도 비슷한 결과를 낳습니다. 기술 발전으로 같은 비용을 들이고도 더 많은 상품을 만들 수 있으니 공급이 늘어납니다. 여러 가지 이유로 산업 전체적으로 공급이 늘어나면 전반적인 물가 수준도 낮아집니다.

이렇게 공급이 늘어나서 생기는 디플레이션은 우려할 일이 아닙니다. 소비자의 구매력이 좋아져 다양한 상품을 더 싸게 살 수 있으니, 어떤 의미에서는 '좋은 디플레이션'이라고 할 수 있어요.

진짜 문제는 수요가 줄어 디플레이션이 발생하는 상황입니다. 소비자가 상품을 잘 사지 않으려 하는 상황이죠. 집값이 갑자기 크게 떨어지거나 하는 일로 사람들의 소비 심리가 위축되면 그런 상황이 발생해요. 갑자기 재산이 줄었다는 생각이 드니까 사람들이 돈을 안 쓰기 시작하는 거예요.

　이런 상황이 되면 기업은 소비자의 지갑을 열기 위해서 어쩔 수 없이 가격을 깎습니다. 상품을 그냥 쌓아 놓는 것보다는 할인을 해서라도 파는 게 나으니까요.

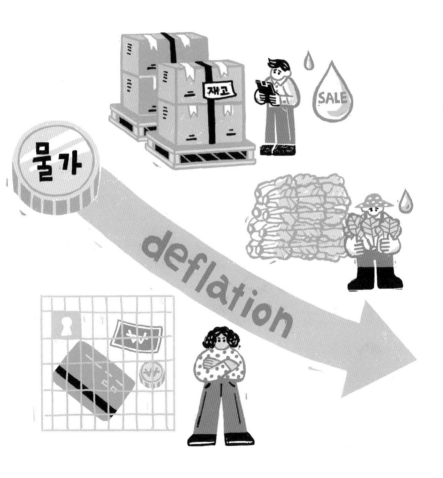

하지만 이렇게 가격을 깎다 보면 기업은 점점 버티기 어려워집니다. 팔아도 남는 게 없고 심지어 장사를 할수록 손해를 보는 경우까지 생기죠. 결국 망하는 기업이 생기고, 망하지 않은 기업은 임금을 깎거나 일자리를 줄이고 투자도 중단해요. 직원들에게 주는 임금을 아끼고 미래를 위한 준비도 미루는 거예요.

기업이 일자리를 줄여 실업자가 늘면 당연히 그만큼 수요가 줄어요. 나머지 사람들도 불안을 느껴 더욱 허리띠를 졸라매요. 소비를 하는 대신 저축을 늘려서 더 힘들 때를 대비하려고 합니다. 자연히 수요는 더욱 줄어들어요. 그 때문에 물가가 더 내려갈 테고요.

이렇게 디플레이션은 한번 시작되면 점점 더 깊은 수렁으로 빠져들기 쉬워요. 이런 현상을 '디플레이션 악순환'이라고 합니다.

일본이 이런 디플레이션 악순환을 겪었어요. 1990년대에 주식과 부동산 가격이 갑자기 무너지면서 디플레이션이 시작되었는데, 그 뒤로 경제성장은 지지부진했고 임금도 제자리걸음을 걸었어요. 이러한 상황이 무려 30년이나 이어졌지만, 일본 경제는 여전히 저성장 저물가로 인해 고통받고 있습니다. 그런 이유에서 흔히 일본의 경제를 설명하면서 '잃어버린 30년'이라는 말을 사용한답니다.

물가는 내가 잡는다
중앙은행

계속되는 물가 상승에 놀란 美, 4연속 '자이언트 스텝'

미국 연방준비제도가 기준 금리를 4번 연속으로 0.75%p 올렸습니다.
불과 8개월 만에 3.75%p나 금리를 올린 것입니다. 미국은 앞서 발표된
9월 소비자물가지수가 1년 전 같은 달보다 8.2% 올라 물가 안정이
시급한 상황입니다.
연준 제롬 파월 의장은 물가 상승세가 꺾이지 않는다면 최종 금리
수준이 예상보다 더 높을 것이라고 밝혔습니다.

물가는 올라도 걱정, 내려도 걱정이로군요. 그렇다면 물가가 어
떻게 움직이는 게 가장 이상적일까요? 바로 물가가 서서히 올라가
는 겁니다. 그래야 사람들이 버는 돈의 구매력이 유지되고, 기업
도 상품과 서비스를 팔아 적정한 수익을 남길 수 있어요. 한마디
로 경제가 잘 돌아가게 되는 거죠.

그런데 뉴스를 보니 미국 물가가 8%도 넘게 올랐네요. 이 정도

면 '천천히 오르는' 게 아니라 활활 타오르는 수준입니다. 소비자 물가지수가 이만큼 오른 거니까, 1년 전에 한 달에 생활비로 300만 원을 썼던 가족이 똑같은 생활수준을 유지하기 위해서 약 325만 원을 써야 하는 상황이 된 거예요. 누군가 불을 끄지 않으면 미국 인들은 가만히 앉아서 가난해지게 되겠군요.

이럴 때 물가를 잡으러 나서는 소방관이 **중앙은행●**입니다. 뉴스에 등장한 연방준비제도는 미국의 중앙은행입니다. 우리나라 중앙은행은 한국은행이에요. 한국은행을 비롯한 각국 중앙은행의 가장 중요한 역할은 돈의 가치, 즉 물가를 관리하는 것입니다. 한국은행과 미국 연방준비제도는 1년에 소비자물가가 2% 상승하는 걸 목표로 삼고 있어요. 그 정도가 바로 '물가가 천천히 올라가는' 수준이라는 거죠.

그럼 중앙은행은 어떻게 물가를 관리할까요? 국가기관으로서 여러 가지 방법을 쓰는데, 가장 대표적인 것이 금리 조정입니다. 금리는 일정한 기간 동안 돈을 사용한 대가로 지불하는 이자의 비율을 말합니다. 금리를 조정한다는 건 돈을 예금하거나 대출할 때 주고받는 이자에 변화를 주는 셈이죠. 그렇다고 중앙은행이 은행

중앙은행
한 나라에서 화폐를 발행하고 물가 안정을 위한 통화정책을 담당하는 기관. 금융 시스템의 중심이 되는 역할을 해서 '은행들의 은행'이라고 불린다.

들이 받는 예금이나 대출 금리를 정해 주지는 않아요.

중앙은행이 하는 일은 **기준 금리**를 결정하는 거예요. 기준 금리란 한 나라를 대표하는 금리인데, 한국은행은 금융회사들과 환매조건부채권을 거래할 때 사용하는 금리를 기준으로 삼아요. 아마 이게 무슨 뜻인지 이해가 안 갈 텐데요, 한국은행과 국민은행, 신한은행 같은 일반은행 사이에 돈이 오갈 때 적용하는 금리를 올리거나 내린다고 보면 됩니다.

한국은행이 기준 금리를 조정하면 전반적인 시장 금리도 따라 움직입니다. 일반은행이 한국은행에서 돈을 빌리는 기준 금리가 오르면, 일반은행이 개인이나 기업에게 돈을 빌려줄 때 받는 금리도 영향을 받을 수밖에 없어요. 또 금리가 움직일 거라는 기대감이 퍼지면, 국가나 회사가 발행하는 채권 금리 등 다양한 금리도 따라서 변하게 돼요.

만약 전반적인 시장 금리가 올라가면 어떤 일이 생길까요? 그러면 가계나 기업은 씀씀이를 줄여요. 돈을 빌릴 때 더 많은 이자를 부담해야 하니까 허투루 돈을 쓸 수 없거든요. 또 은행에 돈을 맡기면 더 많은 이자를 받을 수 있으니, 돈이 남으면 저축을 할 거예요. 그 결과로 시장에서 돌아다니는 돈(통화량)과 소비와 투자를 하려는 수요가 줄어들게 됩니다.

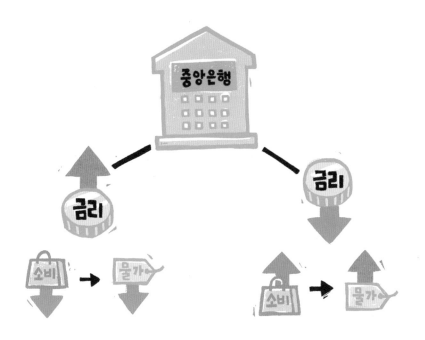

이제 한국은행이 언제 기준 금리를 인상할지 알겠죠? 아, 뉴스에 힌트가 이미 나와 있네요. 맞아요, 인플레이션 상황이에요. 앞서 인플레이션은 수요가 늘어나서 생긴다고 했으니까, 수요가 줄어드는 만큼 물가 상승 폭이 줄어서 물가가 조금씩, 천천히 올라가겠죠? 이렇게 물가가 상승하긴 하지만 올라가는 정도와 속도를 낮추는 걸 **디스인플레이션**이라고 불러요.

반대로 물가가 떨어지는 걸 막고 싶으면 기준 금리를 내려요. 금리가 내려간다는 건 돈의 가격이 떨어지고 돈을 빌렸을 때 내야 하는 이자도 줄어든다는 뜻입니다. 그러면 가계나 기업이 돈을 쉽게 빌리고 쉽게 쓰려고 합니다. 즉, 수요가 줄어 생기는 디플레이션을 막기 위해 중앙은행이 금리를 조정해 통화량을 늘리고 경제 전반의 수요를 북돋아 주는 거예요.

한국은행은 기준 금리를 1년에 8번 조정합니다. 기회가 여덟 번이나 되니까 물가를 얼마든지 잡을 수 있을 거 같지만 그렇지는 않아요. 뉴스에서 보듯이 미국 연방준비제도가 네 번이나 '자이언트 스텝'이라고 부를 만큼 큰 폭으로 금리를 올렸지만 물가가 금방 잡히지는 않았어요. 그렇다고 금리를 무작정 올릴 수도 없어요. 은행에서 대출을 받은 사람들의 이자 부담도 고려해야 하니까요.

또 금리를 올려서 통화량을 줄이는 방법으로 수요를 조절할 수는 있지만, 물가에 영향을 주는 다른 요소까지 관리할 수는 없어요. 예를 들어서, 금리를 올려서 원유의 국제 가격 상승으로 물가가 오르는 걸 막을 수는 없어요. 우리나라 금리를 올려서 원유 가격을 내리거나 전쟁을 멈출 수는 없으니까요. 기준 금리 조정이 중앙은행이 손에 쥔 강력한 무기이기는 해도 도깨비방망이는 아니랍니다.

보이지 않는 손? 그게 뭔데?
독과점

일본, 구글·애플 지배하는 앱마켓 독과점 정조준

일본 경쟁 당국이 구글과 애플이 스마트폰 운영체제 시장에서 시장
지배력을 남용하지 못하도록 규제를 강화하겠다고 시사했습니다.
일본 경쟁 당국인 공정취인위원회는 시장실태보고서를 발간해 구글의
안드로이드와 애플 iOS의 일본 스마트폰 운영체제 시장점유율이 90%에
달한다고 밝혔습니다. 또 운영체제 시장구조를 앱마켓 지배력을
확보하기 위해 이용했다는 점도 지적했습니다. 애플은 타사 앱마켓이나
웹브라우저에서 다운 받은 앱을 자사 제품에 설치할 수 없게 제한하고
있으며, 구글도 안드로이드에 구글플레이를 사전 탑재하는 방식으로
시장 지배력을 확보했다는 뜻입니다.
공정취인위원회는 구글과 애플이 이러한 시장 지배력을 이용해
'인앱결제'를 강요하는 등 우월적 지위를 남용할 우려가 있다고
판단하고 있습니다.

시장에서는 보통 수많은 판매자와 소비자가 모여서 자유롭게
거래를 합니다. 판매자와 소비자의 경쟁 속에서 '보이지 않는 손'

이 작동해 희소한 자원이 효율적으로 배분돼요. 하지만 경제 뉴스를 보면 시장이 꼭 그런 방식으로만 작동하지는 않는다는 걸 알 수 있습니다. 실제로 생산자가 하나 또는 서너 개만 있는 시장도 쉽게 찾을 수 있죠. 시장에 어떤 상품이나 서비스를 공급하는 생산자가 하나인 상태를 **독점**, 몇몇에 불과한 상태를 **과점**이라고 합니다. 두 경우를 합쳐 **독과점**이라고 해요.

독과점은 주로 진입 장벽이 높은 시장에서 생겨요. 진입 장벽이 높다는 건 제품을 만들기 위해 뛰어난 기술력과 거대한 자본이 필요하다는 뜻입니다. 이런 분야에서는 아무나 경쟁에 뛰어들 수 없어요. 초기에 여러 기업이 경쟁을 하다가 시간이 흘러 경쟁에서 이긴 몇몇 기업만 살아남는 경우도 있죠. 최첨단 스마트폰이나 반도체를 만드는 전자 산업이나 나라 전체에 네트워크를 깔아야 하는 통신 산업 등에서 볼 수 있는 형태입니다.

정부가 공기업을 만들고 직접 독과점 생산자로 나서는 경우도 있어요. 우리나라에서는 철도, 전력, 가스, 수도 등을 독과점 공기업이 공급하고 있어요. 수많은 도시를 연결하고 모든 집에 공급해야 하니까 **인프라**˚를 까는 데 엄청난 돈이 들어가죠. 이런 일은 시

인프라
생산이나 생활의 기반을 형성하는 중요한 구조물. 도로, 항만, 철도, 발전소, 상하수도 등으로 기간산업이라고도 한다.

장에 맡겨 두면 공급이 제대로 이뤄지지 않아 정부가 나서고 자연스럽게 독과점이 생깁니다.

온라인 서비스를 제공하는 플랫폼 산업에서도 독과점을 찾을 수 있어요. 인터넷 검색, 소셜네트워크서비스(SNS), 모바일 운영체제, 앱스토어, 메신저, 택시 호출 같은 온라인 서비스를 떠올려 보세요. 아마 몇몇 대표 기업이 금방 생각날 거예요. 온라인 서비스는 시간이 갈수록 한두 개 플랫폼으로 사용자가 몰립니다. 나 혼자만 친구들과 다른 모바일 메신저를 사용한다고 생각해 봐요. 아마 친구들과 이야기하기 위해 금세 모바일 메신저 갈아타기를 할 거예요. 이런 과정을 거치다 보면 온라인 서비스 시장에서는 한두 개 플랫폼만 남게 됩니다.

그렇기 때문에 독과점이 무조건 나쁘다고 할 순 없어요. 앞에서 살펴본 전력이나 수도처럼 산업 특성 때문에 자연스럽게 시장에 소수 기업만 남는 경우도 있으니까요.

또 '규모의 경제'가 작동하는 산업 분야에서도 독과점은 자연스러운 현상입니다. 규모의 경제는 대량생산을 할수록 제품 한 개를 만드는 데 들어가는 평균생산비가 떨어지는 현상을 말해요. 앞에서 예로 들었던 반도체 산업은 생산 설비를 갖추려면 엄청난 돈이 들어가요. 그 때문에 대기업이 아니면 진입하기 어려워 독과점이 생기죠. 그런데 일단 생산 설비를 갖추면 대량생산을 할수록 평균 생산비는 떨어집니다. 그 덕분에 제품 가격이 내려갈 테니 소비자에게도 이득이 될 수 있어요.

하지만 독과점 시장은 분명 눈을 크게 뜨고 감시해야 할 곳입니다. 독과점 시장은 '보이지 않는 손'이 작동하지 않아서 몇몇 생산자가 시장 전체의 가격과 생산량을 좌우할 수 있어요. 이렇게 생산자가 시장을 통제할 수 있는 힘을 **시장 지배력**이라고 부릅니다. 생산자들은 자칫 자신들이 지닌 힘을 이윤을 손쉽게 높이는 데 쓰고 싶다는 유혹에 빠질 수 있어요.

우선 생산자들이 짜고 판매 가격을 다 같이 높일 수 있어요. 이런 일을 **담합**이라고 합니다. 원유 시상을 떠올려 봐요. 사우디아라비아, 러시아 등 24개국이 속한 주요 산유국 모임인 오펙플러스 OPEC+°는 회의를 통해 원유 생산량을 조절하고 국제 유가에 영향을 미쳐요. 오펙플러스가 원유 생산량을 줄이면 국제 유가도 즉각 올라가죠. 이처럼 담합이 일어나면 소비자들은 꼼짝없이 더 많은 돈을 내고 원유를 살 수밖에 없어요.

기업이 시장 지배력을 더 키우기 위해 불공정 경쟁에 뛰어들기

오펙플러스OPEC+

중동 산유국 중심으로 결성한 석유수출국기구 OPEC(Organization of the Petroleum Exporting Countries) 회원국과 비회원 주요 산유국들이 모여 2016년 결성한 국제기구.

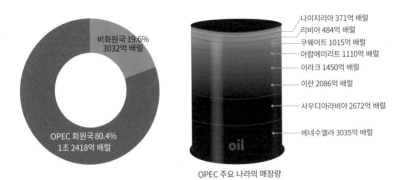

나이지리아 371억 배럴
리비아 484억 배럴
쿠웨이트 1015억 배럴
아랍에미리트 1110억 배럴
이라크 1450억 배럴
이란 2086억 배럴
사우디아라비아 2672억 배럴
베네수엘라 3035억 배럴

OPEC 주요 나라의 매장량

비회원국 19.6%
3032억 배럴

OPEC 회원국 80.4%
1조 2418억 배럴

세계 원유 매장량 중 OPEC 회원국이 차지하는 비중(2021년 기준)
출처: OPEC 연례 통계보고서(2022년)

도 합니다. 새로운 기업이 시장에 들어오면 다양한 수단을 동원해 성장할 수 없도록 방해를 하거나, 소비자가 자신의 대표 상품을 살 때 다른 상품까지 같이 사도록 '끼워 팔기'를 하기도 해요. 이렇게 되면 소비자는 어쩔 수 없이 끼워 파는 상품을 사용해야 하고, 기업은 하나의 시장에서 가진 지배력을 다른 시장까지 쉽게 확장할 수 있어요.

우리 생활과 밀접한 스마트폰 앱 시장에서도 바로 그런 일이 벌어지고 있습니다. 게임이나 필요한 앱을 구매하려면 구글플레이나 앱스토어를 이용할 수밖에 없잖아요. 이게 너무 당연한 일이라서 이상할 게 없어 보이기도 할 텐데, 실제로는 구글과 애플이 앱 시장을 과점하고 있는 상태입니다. 스마트폰 운영체제 시장의 과점이 자연스럽게 앱 시장의 과점으로 연결된 거죠. 구글과 애플은 자신의 시장 지배력을 이용하여 앱을 판매하는 업체에 높은 수수료를 요구합니다. 수수료가 높으면 소비자가 내야 할 앱 가격도 따라 올라가고요.

이처럼 독과점 생산자가 힘을 잘못 사용하면 그 피해는 소비자에게 돌아와요. 우리나라에서는 이런 일을 막기 위해 공정거래위원회에 독과점을 견제하고 감시하는 역할을 맡겼어요. 또 언론이나 소비자단체에서도 독과점의 폐해가 없는지 지켜보면서 목소리를 내고 있습니다.

물가: 여러 가지 상품과 서비스의 가격을 종합적이고 평균적으로 나타내는 개념. 여러 가지 상품을 장바구니에 담았을 때, 상품 하나하나가 아니라 장바구니 전체의 가격이 물가가 된다.

소비자물가지수: 소비자가 생활하는 데 필요한 상품과 서비스의 물가를 보여 주는 지수. 보통 물가가 오르거나 내렸다고 말할 때 가리키는 것이 소비자물가지수다.

생산자물가지수: 생산자가 상품과 서비스를 얼마에 공급하는지 보여 주는 지수. 소비자물가가 앞으로 어떻게 변할지 알려 주는 선행 지수

인플레이션: 물가가 지속적으로 오르는 현상. 수요 증가 또는 생산 비용 상승이 원인. 인플레이션이 일어나면, 소비자의 구매력이 떨어진다.

디플레이션: 물가가 지속적으로 떨어지는 현상. 공급 과잉이나 수요 감소가 원인. 수요 감소로 발생하는 디플레이션은 경기 악순환으로 이어질 수 있다.

중앙은행: 화폐를 발행하고 물가 안정을 위한 통화정책을 담당하는 기관. 물가 관리를 위해 기준 금리를 결정한다.

기준 금리 인상 → 시중 금리 상승 → 통화량과 수요 감소 → 물가 하락
기준 금리 인하 → 시중 금리 하락 → 통화량과 수요 증가 → 물가 상승

독과점: 시장에 어떤 상품이나 서비스를 공급하는 생산자가 하나인 상태는 '독점', 몇몇에 불과한 상태는 '과점'. 독점과 과점을 합쳐서 '독과점'이라고 한다. 독과점 생산자는 시장 전체의 가격과 생산량을 좌우할 수 있는 시장 지배력이 있다.

02

돈을 흐르게 하는 금융

네버 스탑! 경제를 돌리는 심장 은행

은행권 가계 대출 2.7조 원 감소…주택담보대출 9년여 만에 감소

지난달 은행권 가계 대출이 3조 원 가까이 줄어들며 두 달 연속 감소세를 이어 갔습니다.

특히 주택담보대출은 전달보다 3,000억 원 줄었습니다. 주택담보대출 규모가 줄어든 건 2014년 12월 이후 9년여 만에 처음입니다. 주택 가격과 전세값이 떨어지면서 주택 매매와 임대를 하기 위해 돈을 빌리려는 수요가 큰 폭으로 줄어든 영향을 받았습니다.

가계 대출과 달리 은행권 기업 대출은 6조 3,000억 원 늘면서 두 달째 증가세를 보였습니다. 경기 둔화를 대비해 자금을 미리 확보해 두려는 기업들이 많아지며 대출 수요가 늘어난 데 따른 것입니다.

사람이 살다 보면 큰돈이 필요한 경우가 생겨요. 대학에 진학해서 등록금을 내거나, 집이나 자동차와 같은 비싼 가격의 재화를 사거나, 몸이 아파 큰 수술을 받아야 하는 일처럼 말이에요. 기

업도 마찬가지예요. 기술을 개발하기 위해 연구 개발비를 쏟아부어야 한다거나, 공장을 짓고 기계를 새로 채워 넣는다거나, 서비스를 알리기 위해 대대적인 광고 캠페인을 벌이려면 큰돈이 필요해요. 하지만 이렇게 큰돈을 금고에 쌓아 놓은 개인이나 기업은 별로 없어요.

반대로 여유 자금을 가지고 있는 경제주체도 있어요. 여유 자금이란 당장 쓸 일이 없는 돈을 가리키는 말인데요. 여유 자금을 그냥 가지고 있으면 저절로 돈이 불어나지는 않죠.

이럴 때 돈이 필요한 경제주체들에게 여유 자금을 연결해 주면 어떨까요? 돈을 받는 수요자는 꼭 필요한 자금을 구할 수 있어서 좋고, 돈을 내어 주는 공급자는 여유 자금으로 돈을 더 벌 수 있으니 누이 좋고 매부 좋은 상황이네요. 이처럼 돈이 적재적소에 흐를 수 있도록 연결하는 모든 활동을 **금융**이라고 합니다.

돈이 필요한 사람과 여유 자금이 있는 사람은 서로를 어떻게 알아볼까요? 일일이 남의 집 문을 두드려 금고를 확인할 수도 없고, 혹시 도둑이 들지도 모르는데 동네방네 "내가 돈이 많아요!" 하고 떠들 수도 없는 노릇인데 말이에요. 그래서 돈을 연결해 주는 금융회사가 필요해요.

수많은 금융회사 중 우리가 돈이 필요할 때 가장 먼저 떠올리는 곳은 은행입니다. 전국에 지점을 두고 영업하는 시중은행, 특정 지역을 중심으로 영업하는 지역 은행, 지점이 없이 온라인에서만 서비스를 제공하는 인터넷 전문 은행 등이 모두 은행에 해당됩니다. 정식 용어는 아니지만, 언론에서는 이런 은행들을 '제1금융권'이라고 불러요. 은행이 사람들을 위한 가장 기본적인 금융 서비스를 제공하기 때문에 이런 별명이 붙었어요.

뉴스를 보니 주로 사람들이 살 집을 구하거나 회사 경영에 필요한 돈을 구할 때 은행 문을 두드리나 봅니다. 은행이 이렇게 개인과 회사에 돈을 빌려주는 걸 대출이라고 해요. 은행은 어디서 생긴 돈으로 대출을 해 주는 걸까요? 기본적으로 사람들이 은행에 맡긴 돈입니다. 은행에 돈을 맡기는 걸 예금이라고 하죠.

또 우리나라 돈을 다른 나라 돈으로 바꿔 주는 '환전', 세금이나 공공요금을 대신 받는 '공과금 수납' 같은 일도 합니다. 보험, 카드, 펀드 등 다른 금융회사가 만든 금융 상품을 대신 소개하고 판매하기도 하고요. 그러니까 은행은 돈이 경제의 구석구석에 흐르게 하고 삶에 꼭 필요한 금융 서비스를 제공하는 '경제의 심장'이라고 할 수 있겠네요.

이처럼 은행은 다양한 금융 서비스를 제공하고, 그 대가로 돈을 벌어요. 은행은 여유 자금을 예금으로 받아서 돈이 필요한 사

람에게 대출을 해 준다고 했지요? 이때 돈을 맡긴 사람에게는 예금 이자를 주고 빌린 사람에게는 대출 이자를 받아요. 대출 이자에 적용하는 금리가 예금 이자에 적용하는 금리보다 높은데, 은행은 그 차이만큼 돈을 벌어요. 이걸 '예대 금리차' 또는 '예대 마진'이라고 합니다. 그러니까 예대 마진은 예금자를 대신해 돈을 빌려줄 수요자를 찾고, 돈을 떼이지 않도록 관리하는 대가라고 볼 수 있겠군요. 이 밖에 송금, 환전, 보관 등 서비스를 제공할 때 수수료를 받기도 하고요.

국가에서는 금융회사를 엄격하게 관리하고 감독해요. 그중에서도 사람들의 삶과 맞닿아 있는 은행은 더 강력한 규제를 받습니다. 은행은 수많은 개인이나 기업과 거래를 하는데, 돈을 제때 빌려주지 않거나 빌려준 돈을 받지 못해 예금자의 돈이 위험해지면 경제 전체로 위기가 번질 수 있기 때문이에요.

아울러 은행이 파산하는 최악의 사태가 생기더라도 예금자들은 최대 5,000만 원까지 원금과 이자를 돌려받을 수 있어요. 이걸 '예금자 보호 제도'라고 합니다. 은행이 무너지더라도 돈을 맡긴 개인이나 기업들까지 경제적인 어려움을 겪지 않도록 국가가 안전장치를 마련해 둔 거죠.

돈의 가격, 금리

금리는 돈을 사용한 대가로 일정 기간이 지난 후 주고받는 이자율입니다. 돈을 쓰는 사람 입장에서 보면 돈의 주인에게 금리만큼 값을 치르는 거예요. 쉽게 말해서 '돈의 가격'이라고 할 수 있어요.

대출 금리가 높다는 건 돈을 빌릴 때 더 많은 대가를 줘야 한다는 걸 뜻해요. 반대로 금리가 낮다는 건 돈의 가치가 싸서 돈을 빌리는 데 큰 부담이 없다는 의미입니다.

흔히 금리를 표시할 때는 1%, 3%, 5%처럼 백분율(%)을 단위로 사용합니다. 특별한 규정이 없다면, 뉴스에 등장하는 금리는 보통 1년을 기준으로 삼아요. "주택 담보대출 금리가 5.4%로 올랐다."는 건 대출받은 금액의 5.4%를 1년 동안 이자로 내야 한다는 뜻이죠.

주식이나 채권을 거래하는 금융시장에서는 금리를 아주 작은 차이까지 정교하게 비교해야 할 일이 많아요. 그래서 퍼센트를 100분의 1로 쪼갠 베이시스포인트(bp)라는 단위를 더 많이 써요. 1%는 100bp이고 1bp는 0.01%를 의미합니다.

우리는 매일 진화한다
금융 서비스

애플 "물건은 먼저 받고 돈은 나중에 나눠 내세요."

애플이 새로운 결제 서비스를 내놓고 금융 산업으로 빠르게 영역을
확장하고 있습니다. 애플은 이날 미국에서 '애플페이 레이터(Apple
Pay Later)'를 공식 출시한다고 발표했습니다.

BNPL은 당장 돈이 없어도 상품을 구매한 뒤 일정 기간 동안 대금을 나눠
갚는 '선구매 후결제(Buy Now Pay Later)' 서비스입니다. 미국에서는
주머니 사정이 좋지 않은 저소득층이나 신용카드 발급이 어려운 MZ
세대를 중심으로 BNPL이 최근 인기를 끌고 있습니다. 신용카드처럼
할부 이자를 물지 않으면서도 한꺼번에 돈을 내는 부담을 덜 수 있기
때문입니다.

다만 소비자들이 더 많은 빚을 지고 소비를 하도록 만든다는 건 BNPL
서비스의 문제점으로 지적됩니다.

앞서 금융은 돈이 적재적소로 흐를 수 있도록 연결하는 모든 활
동이라는 걸 배웠어요. 사람들의 생활 방식이 변하고 사회가 복잡
해지면서 필요한 금융 서비스도 다양해졌죠. 자연스레 금융 산업

이 발전하고 다양한 금융회사가 생겨났어요. 은행은 아니지만 삶에 꼭 필요한 금융 서비스를 제공하는 회사를 '제2금융권'이라고 불러요. 제1금융권 은행과 다른 금융회사를 구분하기 위해 언론에서 붙인 별명이에요.

금융 서비스라고 하면 가장 먼저 떠오르는 게 보험입니다. 미래에 닥칠 위험에 대비하기 위한 금융 서비스예요. 만약 자동차 사고가 나거나 병에 걸렸다고 생각해 봐요. 몸과 마음이 고통스러울 뿐 아니라 수리비나 치료비로 들어갈 돈까지 갑자기 마련해야 해요. 그야말로 '엎친 데 덮친 격'이라고 할 수 있겠군요. 이때 미리 보험에 가입해 뒀다면 쉽게 돈을 구할 수 있어요. 보험은 평소에 여러 사람이 조금씩 보험료를 내서 큰돈을 만든 뒤, 어려운 일이 생겼을 때 돈을 받는 서비스거든요.

보험은 보험회사가 만들어 팔기도 하지만 국가가 운영하기도 해요. 우리 나라에서는 국민연금보험, 건강보험, 고용보험, 산재보험 등을 국가가 운영 합니다. 이걸 '4대보험'이라고 부르기도 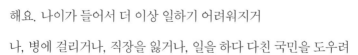 해요. 나이가 들어서 더 이상 일하기 어려워지거나, 병에 걸리거나, 직장을 잃거나, 일을 하다 다친 국민을 도우려는 사회 안전망이라고 볼 수 있어요.

여유 자금을 투자하는 서비스를 제공하는 금융회사도 있어요. 투자자들이 주식이나 채권을 사고팔 수 있도록 중개하는 증권회사나 펀드를 취급하는 자산 운용사 등이 여기에 해당돼요. 리스크를 짊어지더라도 더 큰 수익을 내고 싶어 하는 적극적인 투자자가 증권회사나 자산 운용사 문을 두드립니다.

주식은 나중에 자세하게 이야기할 테니까 여기서 잠깐 채권과 펀드가 무엇인지 알아보고 넘어가는 게 좋겠군요. 채권은 정부, 회사 등이

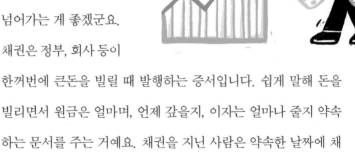

한꺼번에 큰돈을 빌릴 때 발행하는 증서입니다. 쉽게 말해 돈을 빌리면서 원금은 얼마며, 언제 갚을지, 이자는 얼마나 줄지 약속하는 문서를 주는 거예요. 채권을 지닌 사람은 약속한 날짜에 채권을 발행한 곳에서 원금과 이자를 받으면 돼요. 물론 그 전에 금융시장에서 채권을 사고팔 수도 있어요.

펀드는 여러 사람에게 모은 돈으로 주식, 채권, 부동산 등 다양한 자산에 투자하고 수익을 나눠 주는 금융 상품이에요. 여유 자금을 직접 투자하기보다 전문가에게 맡겨 투자하고 싶을 때 가입

합니다. 이러한 투자 방식을 간접투자라고 해요.

상품이나 서비스를 살 때 편리하게 대금을 치를 수 있도록 해 주는 결제 서비스도 있습니다. 카드 회사가 발행해 주는 '신용카드'가 대표적이죠. 신용카드는 당장 가진 돈이 없어도 물건이나 서비스를 살 수 있게 해 주는 결제 수단이에요. 신용카드가 있으면 지갑에 현금을 들고 다닐 필요가 없고, 물건값은 시간이 지난 뒤 정해진 날짜에 한꺼번에 치르면 되니 편리해요. 또 한 번에 대금을 치를 수 없을 때는 이자를 내는 대신 돈을 나눠서 갚는 할부 서비스도 제공해요.

하지만 신용카드는 아무나 쓸 수 없습니다. 카드 회사는 과거에 고객이 정해진 날짜에 밀리지 않고 대금을 치렀는지, 돈을 갚을 만큼 소득이 있는지 등을 따져 보고 신용카드를 발급해 주거든요. 다시 말해 '신용'이 있어야 신용카드를 사용할 수 있어요. 학생들이 신용카드와 모양은 비슷하지만, 통장에서 즉시 대금이 빠져나가는 체크카드나 돈을 미리 충전해야 하는 선불카드를 사용할 수밖에 없는 것도 이런 이유 때문이에요.

뉴스에서 본 것처럼 '선구매 후결제(BNPL)'라는 서비스를 제공하는 회사도 생기고 있어요. 신용카드는 없는데 물건값을 나중에 치르고 싶은 사람들을 위한 결제 서비스라고 하는군요. 또 플라스틱으로 만든 실물 카드가 없이 스마트폰만 있어도 구매를 할 수 있는 간편 결제도 널리 퍼지고 있어요. 이처럼 금융 서비스는 끊임없이 소비자의 수요를 살피며 새로 생긴답니다.

투자자라면 나를 잊지마
리스크

주식시장에서 은행으로 '머니 무브' ···다시 온 예금의 시대

한동안 부동산과 주식시장으로 몰리던 돈이 은행 예금으로 이동하고 있습니다.

경기 침체 속에서 주식처럼 리스크가 큰 자산보다 안전한 예금이 최고라는 심리가 퍼지고 있기 때문입니다.

게다가 지난해 기준 금리가 가파르게 오르면서 저축은행은 6%대, 시중은행은 5%대 예금 상품까지 경쟁적으로 내놨습니다. 원금을 지키면서 높은 이자도 기대할 수 있게 된 것입니다.

이같은 심리는 통계로 확인됩니다. 지난해 3분기 저축성 예금은 37조 원 늘었습니다. 가계의 금융자산에서 예금이 차지하는 비중도 44% 선까지 올랐습니다.

금융시장은 돈을 투자해서 돈을 벌 수 있는 곳이기도 합니다. 아, 돈을 잃을 수도 있다는 점도 미리 경고해 두어야 하겠네요. 100만 원을 투자한다고 가정하고 시작해 볼까요.

금융시장은 정말 복잡합니다. 예금, 주식, 펀드, 채권 등 돈을 맡길 수 있는 곳이 정말 셀 수 없이 많아요. 100만 원을 이 중 어디에 투자하는 게 좋을까요? 제비뽑기를 할 수는 없고, 무언가 기준이 필요하겠죠. 소중한 돈이니까요. 투자자는 크게 두 가지 기준으로 돈을 맡길 곳을 골라요.

첫 번째 투자 기준은 **기대 수익률**이에요. 기대 수익률은 투자한 돈이 얼마나 불어날 걸로 기대하는지 따져 본 거예요. 어떤 금융 상품의 기대 수익률이 연 3%라면, 100만 원을 투자해 1년 뒤 3만 원쯤 수익을 거두리라고 기대할 수 있습니다. 기대 수익률이 5%라면 5만 원의 수익을 기대한다는 뜻이고요. 누구라도 기대 수익률이 더 높은 금융 상품에 투자하겠다는 마음이 들 겁니다.

기대 수익률은 수익과 수익을 얻을 확률을 함께 계산해 봐야 합니다. 대부분 투자자 스스로 따져 보아야 하죠. 우리도 한번 따져 볼까요.

정기예금은 일정 금액을 일정 기간 동안 맡겼다가 기한이 지난 뒤에 이자와 원금을 돌려받는 예금입니다. 금리가 연 3%인 은행 정기예금은 기대 수익률도 3%입니다. 100만 원을 정기예금에 넣는다면, 1년 뒤에는 확실하게 103만 원으로 돈이 불어납니다. 은행이 망하더라도 '예금자 보호 제도'가 있어서 5,000만 원까지는 돌려받을 수 있기 때문이에요.

이번에는 100만 원으로 주식을 산다고 해 봐요. 주식은 샀을 때보다 값이 오르면 돈을 벌고 반대 경우에는 돈을 잃습니다. 1년 뒤 주식이 15% 올라서 15만 원을 벌 확률과 주식이 5% 떨어져 5만 원을 잃을 확률이 똑같이 반반이라면, 기대 수익률은 어떻게 될까요? 이럴 때 기대 수익률은 여러 경우의 수익률과 확률을 곱한 것을 모두 더한 값입니다. 아래처럼요.

기대 수익률 = { (0.15 X 0.5) + (-0.05 X 0.5) } X 100 = 5%

기대 수익률이 5%로군요. 그렇다면 기대 수익률이 더 높으니까 주식에 투자하면 될까요?

꼭 그렇지는 않아요. 우리가 그다음으로 생각해야 할 기준은 **리스크**입니다. 리스크는 미래에 예측할 수 없는 일이 발생할 가능성을 뜻해요. 종종 리스크를 우리말로 '위험'이라고 번역하기도 합니다. 틀린 것은 아니지만 리스크를 위험이라고만 생각하면 투자와 관련된 뉴스를 제대로 이해할 수 없답니다. 리스크는 좋은 일이든 나쁜 일이든 생각지도 못했던 일이 벌어지는 걸 의미하거든요. 투자를 통해 거둔 실제 수익이 기대 수익보다 높거나 낮을 가능성이 모두 리스크입니다.

최근 몇 년 동안은 코로나19가 뉴스에 자주 등장하는 리스크였는데요, 이 리스크는 유행이 예상보다 오래가는 나쁜 상황과 빠르게 끝나는 좋은 상황을 모두 가리켜요. 경제 뉴스에서 위험이라는 우리말이 아니라 리스크라는 외래어를 굳이 사용하는 것도 이런 이유가 있어요.

리스크는 금융 상품마다 달라요. 미래에 생활비, 교육비 등으로 돈을 사용할 곳이 많은 투자자라면, 상황에 영향을 받지 않고 확실한 수익을 가져다주는 금융 상품이 필요해요. 앞에서 살펴본 은행 정기예금이 여기에 해당되겠네요.

만약 당장 쓸 곳이 없는 여윳돈을 투자하는 사람이라면 확률은 낮아도 성공하면 높은 수익을 내길 원할 수 있어요. 물론 상황에 따라 큰 손해를 볼 확률도 있지만 대체로 이런 사람들은 리스크가 높은 금융 상품을 선택합니다. 주식, 펀드 등이 여기에 해당돼요.

투자자는 리스크와 기대 수익률을 저울질해 투자할 곳을 정해요. 여러분이 투자자라면 정기예금과 주식 중에서 어디에 투자할 건가요?

선택에 앞서 염두에 둬야 할 투자 격언은 '리스크가 높으면 기대 수익률도 높다(high risk high return)'예요. 리스크가 높은 금융 상품

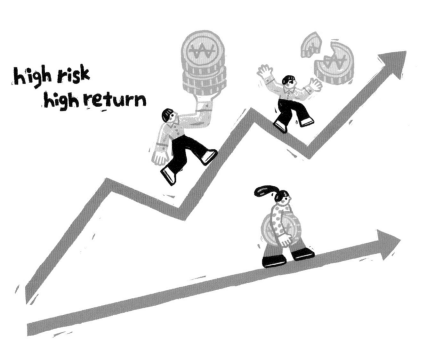

high risk
high return

은 돈을 잃을 수도 있기 때문에, 투자에 성공했을 때 버는 돈이 많아야 기꺼이 투자한다는 뜻이죠. 그러니까 여러분은 주식의 기대 수익률 5%가 리스크를 감수할 만큼 정기예금의 기대 수익률 3%보다 충분히 높은지 따져 보면 되겠네요. 어디에 투자할지는 여러분의 선택에 달려 있어요.

리스크는 끊임없이 변해요. 과거에는 없었던 리스크가 떠오르기도 하고, 중요하게 생각했던 리스크가 사라지기도 하죠. 예를 들어 우리나라에 투자하는 외국인들은 항상 '대북 리스크'를 신경 써요. 대북 리스크는 우리나라가 북한과 긴장 관계를 유지하고 있기 때문에 생기는 불확실성을 뜻해요. 북한 내부가 평화롭고 남북 관계가 좋은 시기에는 리스크가 줄어들지만, 북한 내부 정치가 불안한 상황에는 리스크가 커져요.

경제 뉴스에서는 사건 사고가 발생했을 때 그에 따른 리스크의 변동을 언급하는 경우가 많아요. 투자자는 시시각각 달라지는 리스크를 확인하고 **포트폴리오**를 조정합니다. 북한이 핵실험을 해서 한반도에 긴장감이 감돌고 있다고 해 봐요. 이때 외국인 투자자들은 우리나라 기업 주식을 팔고 자금을 다른 나라로 이동하는 식으로 대응할 수 있습니다. 그러면 우리 기업 주식가격이 떨어지겠죠. 그러니까 남북 관계는 안보뿐만 아니라 한국 경제의 리스크를 관리한다는 관점에서도 중요한 과제예요.

투자 꾸러미, 포트폴리오

미국 경제학자 제임스 토빈 전 예일대 교수는 1981년 포트폴리오 이론으로 노벨 경제학상을 받았어요. 한 기자가 포트폴리오 이론이 무엇인지 쉽게 알려 달라고 묻자 그는 이렇게 말했어요.

"한마디로 계란을 한 바구니에 담지 말라는 것입니다."

계란을 한 바구니에 담았다가 이걸 떨어뜨리면, 바구니 안에 있는 계란이 모두 깨져 버릴 거예요. 반면 계란을 여러 바구니에 담아 두면, 바구니가 하나쯤 떨어져도 다른 바구니에 있는 계란은 무사하겠죠.

그러니까 토빈은 투자를 할 때는 자산 하나에 전 재산을 몰아서 넣지 말고 리스크를 고려해 다양한 자산에 나눠 투자해야 한다고 주장했어요. 이때 다양한 자산으로 구성된 투자 꾸러미를 '포트폴리오'라고 부르고, 재산을 여러 곳에 나눠 투자하는 것을 '분산투자'라고 합니다.

분산투자

금리를 올리면 내 주식에 생기는 일
금리와 자산 가격

기준 금리 0.5%p 인상… 빚투, 영끌족 '패닉'

한국은행이 석달 만에 또다시 기준 금리를 0.5%p 올렸습니다.
계속되는 금리 인상으로 빚을 끌어다 부동산에 투자한 '영끌족'은
머리가 복잡해졌습니다.

신용 대출을 받아 주식에 투자한 '빚투' 투자자들의 시름도 깊어지고
있습니다. 기준 금리 인상으로 주식시장이 하락세를 이어 가는 데다가
이자 부담까지 커졌기 때문입니다.

이날 한국은행은 물가와 환율 등을 고려해 올해 추가로 금리를 인상할
수 있다고 시사했습니다. 이에 따라 과도하게 빚을 내 부동산이나
주식에 투자하려는 심리는 더욱 위축될 것으로 보입니다.

많은 투자자가 한국은행의 금융통화위원회나 미국 연방준비제
도의 연방공개시장위원회가 열리는 날이면 귀를 쫑긋 세우고 뉴
스를 봅니다. 회의가 끝나고 나서 한국은행 총재와 미국 연방준
비제도 의장이 발표하는 새로운 기준 금리에 따라서 주식이나 부

동산 같은 자산 가격도 들썩이기 때문이죠. 기준 금리와 자산 가격이 어떤 관계가 있기에 이렇게 투자자들의 관심이 집중되는 걸까요?

중앙은행이 인플레이션을 잡기 위해서 기준 금리를 올린다는 게 기억날 겁니다. 기준 금리를 올리면 시장 금리도 따라서 올라가잖아요. 그러면 이자 부담이 커져서 돈을 빌리기 어려워지고, 사람들이 지갑을 닫으니까 수요가 줄어서 물가가 내려가죠.

부동산 가격도 마찬가지입니다. 사람들 대부분은 부동산처럼 비싼 자산을 살 때 은행에서 대출을 받아요. 금리가 올라가면 다달이 은행에 내야 하는 이자도 커져요. 자연히 돈을 빌려서라도 집을 사려는 사람들의 수가 줄겠죠. 다시 말해서 부동산을 사려는 수요가 떨어집니다.

여기다가 급하게 집을 팔려는 사람이 생겨요. 뉴스에 나온 '영끌족'에서 '영끌'은 '영혼까지 끌어모으다'를 줄인 말로 과도하게 대출을 받아서 집을 산 사람들을 가리킵니다. 이런 사람들은 금리가 올라가면 이자를 내기 힘들어져서 집을 팔려고 합니다. 만약 3억 원을 빌렸다면 금리가 1%p만 올라도 1년에 300만 원을 이자로 더 부담해야 하거든요. 집을 사려는 수요는 없는데 급하게 팔려는 사람이 생기니 집값은 떨어질 수밖에 없겠죠.

주식가격도 비슷하게 움직입니다. 금리가 올라가면 은행에 저축했을 때 받는 이자가 늘어납니다. 예금의 기대 수익률이 올라가는 거죠. 이런 상황에서 사람들은 여유 자금을 원금을 잃을 수도 있는 주식에 투자하기보다, 안정적이면서 기대 수익률도 높아진 은행 예금에 넣어 두는 걸 선택해요. 뉴스에 나온 '빚투'는 돈을 빌려서 주식을 사는 걸 말하는데, 이것도 줄어듭니다. 주식가격이 어떻게 될지 모르는데 무리하게 빚까지 내서 투자를 하려는 투자자는 없을 테니까요. 자연스럽게 주식시장으로 들어오는 돈이 줄어들고 주식가격도 내려갑니다.

반대로 기준 금리를 낮추면 주식 같은 자산 가격은 올라갑니다. 금리가 낮으면 돈을 빌리는 데 부담이 줄어요. 또 은행에 저축을 해 봐야 기대할 수 있는 수익도 낮아지고요. 그러니 예금에 대한 선호는 줄고, 부동산이나 주식 같은 자산 수요가 늘면서 가격도 올라가게 됩니다.

짧은 기간에는 자산 가격이 기준 금리 영향을 받아 출렁이지만, 계속 같은 방향으로 움직일지는 누구도 장담할 수 없어요. 중앙은행이 기준 금리를 올린다는 건 경제 여건이 나쁘지 않다는 뜻이에요. 수요가 조금 줄어도 버틸 수 있을 만큼 일자리와 소비 여력이 충분하지 않으면 기준 금리를 올릴 수 없거든요. 경제 여건이 좋으면 기업과 가계가 돈을 잘 벌어서 여윳돈이 생길 가능성이 높으니까, 길게 보면 기준 금리를 높여도 자산을 사려는 수요가 늘어서 가격이 올라갈 수 있어요.

기준 금리를 올리면 이론적으로는 자산 가격이 떨어지는데, 나중에는 오를 수도 있다니… 결론을 말해 달라고요? 안타깝지만 경제에는 수학처럼 정해진 답이 없어서, 경제를 이야기하다 보면 답답하고 헷갈릴 때가 많아요. 오죽하면 미국의 33대 대통령인 해리 트루먼이 "손이 하나인 경제학자를 데려와라." 하고 말했을까요? 경제학자들에게 정책에 대해 물으면 하나같이 "한편으로는(on the one hand) 이렇지만 다른 한편으로는(on the other hand) 저렇다."라고 하니, 의사 결정을 해야 하는 대통령 입장에서 짜증이 났을 거예요. 설명을 들으며 속으로 "그래서 도대체 어쩌라고?" 하고 외쳤을지도 모르죠.

결론을 말하자면, 자산 가격과 경제의 향방을 예측하는 건 정말 어려운 일이에요. 경제는 여러분이 상상하는 것보다 훨씬 복잡합니다. 정부, 중앙은행, 기업, 가계, 투자자, 국제 정세 등 수많은 변수들이 영향을 주고받으며 경제 현상을 만들어 가요. 기준 금리는 수많은 변수 중 하나일 뿐이고요. 그러니까 경제 뉴스를 볼 때는 절대 기사 하나만 보고 쉽게 결론을 내리면 안 돼요. 여러 각도의 분석을 참고하여, 새로운 변수가 전체 맥락 속에서 어떻게 작용할지 생각하는 게 중요하답니다. 그런 능력을 갖추려면 경제 뉴스에 지속적인 관심을 가져야 하고요.

새로운 화폐인가, 자산인가
비트코인

'카드로 쌓은 집'처럼 무너지는 가상 자산

가상 자산 생태계가 무너지고 있습니다.

2조 9,000억 달러로 정점을 찍었던 전 세계 가상 자산 시가총액 규모가

최근 1조 달러 아래로 떨어졌습니다. 무려 70%가 쪼그라든 셈입니다.

한국산 가상 자산으로 주목받았던 루나와 테라가 휴지 조각이 됐고,

세계 최초로 비트코인을 법정화폐로 채택한 엘살바도르는 투자 금액의

60%에 달하는 손실을 본 것으로 알려졌습니다.

그 과정에서 가상 자산에 대한 신뢰도 자체가 무너지고, 가상 자산을

발행 채굴 중개하는 생태계 전반이 흔들리고 있습니다.

기술의 발전은 금융시장에도 크고 작은 영향을 미칩니다. 어느새 주식 만큼이나 경제 뉴스에서 자주 볼 수 있는 가상 자산(암호화폐)도 2000년대 들어 새롭게 등장한 새내기 자산이에요.

가상 자산 시대를 연 대표 주자는 바로 '비트코인'입니다. 비트

코인은 2008년 10월에 '사토시 나카모토'라는 가명을 쓰는 프로그래머(집단일 수도 있습니다.)가 온라인 공간에 '비트코인'이라는 논문을 올리면서 나타났어요. 나카모토는 이 논문에서 은행을 거치지 않고 개인과 개인 사이의 거래를 안전하게 할 수 있는 기술인 블록체인을 처음 소개했습니다.

블록체인의 원리는 거래에 참여한 모두가 그 내역을 함께 기록하고 보관하는 것입니다. 일정한 시간 동안 이루어진 거래 내역을 기록한 디지털 장부를 블록이라고 합니다. 비트코인 네트워크에서는 10분간 이루어진 비트코인 거래 내역이 한 블록에 담겨요. 새로 만들어진 블록은 이전 블록에 쇠사슬(체인)처럼 연결됩니다.

이 기록은 네트워크 참가자들의 컴퓨터에 모두 기록됩니다. 이 과정에서 누군가의 컴퓨터에 다른 사람들이 갖고 있지 않은 이상한 블록이 있으면 자동으로 삭제됩니다. 다시 말해 서로 블록을 비교하고 검증하면서 모든 참가자가 동일한 기록을 보관하는 것입니다.

새로운 블록을 형성하기 위한 검증을 하려면 컴퓨터를 장시간 이용해 복잡한 계산을 해야만 해요. 이때 컴퓨팅 자원을 제공한 참가자에게 보상이 주어집니다. 그게 바로 **비트코인**이에요. 이 과정이 금을 캐는 것과 비슷하다고 하여 **채굴**이라고 합니다. 지금은 고성능 컴퓨터 수백 대를 활용해 이 작업을 하는 채굴 회사들이 새로 발행되는 비트코인을 거의 모두 가져갑니다.

❶ A가 B에게 1비트코인을 보내려고 합니다.

❷ 온라인에서 비트코인 지갑을 엽니다.

❸ A는 B의 지갑 주소를 입력하거나 QR코드를 스캔합니다.

❹ 1비트코인을 입력합니다.

❽ B는 A가 보낸 1비트코인을 받습니다.

❼ 보상으로 채굴자들은 새로 발행된 비트코인을 받습니다.

❻ 네트워크 참가자들이 거래를 승인합니다.

❺ A가 전송을 누릅니다.

그렇다면 사람들은 왜 비트코인을 엄청난 돈을 주고 사는 걸까요? 금이나 주식처럼 비트코인 자체에 특별한 가치가 있는 것 같지도 않은데 말이에요.

블록체인에 새겨진 기록은 위조가 어려워요. 위조하려면 컴퓨터 하나가 아니라 네트워크에 연결된 전체 컴퓨터 중에서 적어도

51%의 기록을 바꾸어야 하거든요. 컴퓨터 수백만, 수천만 대로 이루어진 네트워크에서는 불가능한 일이죠.

불록체인 기술 덕분에 많은 사람이 위조할 수 없는 비트코인이 안전한 '가치 저장 수단'이라고 믿기 시작했어요. 금융거래가 이뤄질 수 있는 조건인 시장의 믿음이 생긴 거예요. 자연스레 비트코인을 사고팔려는 사람들이 생겼고, 투자의 대상인 가상 자산이 됐어요. 2010년대 들어서는 투자자들의 관심이 쏠리면서 비트코인을 비롯해 블록체인 기술을 바탕으로 발행한 수많은 가상 자산의 가격이 올라갔습니다.

하지만 2020년대 들어 가상 자산의 신뢰성을 무너뜨리는 사건이 잇따라 터졌어요. 2022년에는 시가총액 기준으로 세계 10위 안에 들었던 루나와 테라라는 가상 자산의 가치가 한순간에 휴지 조각이 됐어요. 루나와 테라를 발행한 회사의 부정행위가 드러나면서 투자자들은 분노했죠. 특히 두 코인은 우리나라 회사에서 만든 거라 유독 한국 투자자들의 피해가 컸습니다.

몇 개월 후에는 전 세계에서 세 번째로 큰 가상 자산 거래소인 FTX가 파산 보호를 신청했어요. 파산 보호는 회사가 더 이상 운영을 하기 어려울 정도로 돈이 없을 때 법원에 도움을 요청하는 제도예요. 만약 FTX가 살아나지 못하고 망하게 된다면, FTX에 가상 자산을 사기 위한 돈을 맡겨 둔 투자자들은 큰 손해를 볼 거예요. 가상 자산이 새내기를 넘어 주요 자산으로 올라서려면 이처럼 시장의 믿음을 갉아먹는 과제들을 차근차근 해결해야 할 거예요.

비트코인이 화폐가 될 수 있을까요?

처음 블록체인의 원리를 소개한 사토시 나카모토는 비트코인을 '전자화폐'라고 불렀어요. 비트코인이 한국 원, 미국 달러 같이 국가에서 발행하는 통화인 '법정화폐'를 대신할 새로운 화폐가 될 수 있다고 생각했거든요. 실제로 예전 뉴스에서 비트코인을 암호 화폐 또는 가상 화폐라고 부르기도 했어요.

그럼 비트코인을 정말 화폐처럼 쓸 수 있을까요? 기본적으로 그렇습니다. 가게에서 진짜 컴퓨터 한 대를 받고 네트워크에서 비트코인 1개를 주는 식으로 거래할 수 있어요.

뭘 믿고 비트코인을 받고 컴퓨터를 내어 주냐고요? 우리가 쓰는 동전과 지폐를 신뢰할 수 있는 건 국가가 발행하고 관리하기 때문입니다. 국가가 발행하는 법정화폐의 특징은 위조가 매우 어렵다는 것입니다. 아무나 돈을 마구 찍어 내 위조지폐가 돌아다니면 신뢰가 무너져 화폐 체계가 무너져 버리죠. 마찬가지로 비트코인도 블록체인 기술 때문에 위조가 어려워요. 다시 말해 화폐가 될 수 있는 요건 하나는 갖춘 셈이에요.

그런데 화폐는 가치를 재는 잣대가 돼야 해요. 예를 들어 커피 한 잔이 3,000원이고 주스 한 잔이 1,500원이라면 커피는 주스보다 2배만큼 가치가 있는 거예요. 이런 역할을 하려면 화폐의 가치가 안정적으로 유지돼야 해요.

하지만 비트코인은 가치가 널뛰기를 해요. 2022년 한 해만 봐도 비트코인 하나의 가치는 2,000만 원에서 5,000만 원 사이를 오갔어요. 물건의 가치를 재는 잣대로 삼기에는 너무 불안정하죠.

우리나라 정부에서는 비트코인을 비롯한 블록체인 기반 코인을 '가상 자산'이라고 분류해요. 자산은 주식, 부동산처럼 가치가 있는 재산을 의미해요. 사토시의 의도와 달리 사람들이 비트코인을 결제를 위한 화폐보다는 투자 목적의 자산으로 여긴다는 걸 반영한 거예요.

금융: 돈이 필요한 곳과 여유 자금이 있는 곳을 연결해 돈이 적재적소에 흐를 수 있도록 하는 모든 활동

은행: 돈을 맡아 주는 예금과 돈을 빌려주는 대출을 주로 하는 금융회사. 국민의 삶과 가장 밀접한 금융회사라 '경제의 심장'으로 불리며, 동시에 정부의 강한 규제를 받는다.

기대 수익률: 돈을 투자한 결과 얻을 것으로 기대하는 수익률. 기대 수익률이 연 3%라면 100만 원을 투자해 1년 뒤 3만 원의 수익을 거둘 것으로 기대한다는 의미이다. 투자 대상을 고를 때는 기대 수익률과 리스크를 모두 고려해 의사결정을 한다.

리스크: 미래에 예측할 수 없는 일이 발생할 가능성. 투자할 때 "리스크가 크다."는 건 기대 수익을 넘어 큰 수익을 볼 수도 있지만 손해를 볼 수도 있다는 뜻이다. 이를 표현한 투자 격언이 "리스크가 높으면 기대 수익률도 높다(High risk High return)."이다.

금리: 일정 기간 돈을 사용한 대가로 주고받는 이자율. 쉽게 말해 돈의 가격이다. 이론적으로는 금리 변동이 자산 가격을 움직이지만, 현실에서 자산 가격은 금리 한 가지 변수에만 영향을 받는 것은 아니니 유의해야 한다.
금리 하락 → 투자수요 상승 → 자산(주식, 부동산 등) 가격 상승
금리 상승 → 투자수요 하락 → 자산(주식, 부동산 등) 가격 하락

비트코인: 위조가 불가능한 블록체인 기술을 이용해 만든 가장 대표적인 암호화폐. 우리나라 정부는 비트코인이 화폐보다 가치를 저장하는 수단으로 널리 쓰이는 것을 고려해 '가상 자산'으로 분류한다.

03

기업과
주식

유니콘을 꿈꾸는 꼬마 기업
스타트업

코로나19에도 벤처 스타트업 일자리 쑥쑥

코로나19로 어려움을 겪는 사람이 늘어나고 있지만, 벤처기업과
스타트업이 일자리 버팀목이 되고 있습니다.

2021년 전국 벤처기업과 스타트업 3만 6천여 곳의 취업자는 76만
4,000여 명을 기록했습니다. 코로나19로 인해 수요가 늘어난 비대면
서비스 분야의 스타트업이 고용 증가를 이끌었습니다.

스타트업에 대한 구직자들의 인식도 긍정적으로 바뀌고 있습니다. 특히
재택근무 같은 유연한 노동환경을 선호하는 2030세대가 스타트업
취업을 선호하고 있습니다.

이에 따라 정부도 경제성장을 위한 해법으로 '스타트업 코리아'를
내걸고 조만간 종합 대책을 발표할 예정입니다. 스타트업의 글로벌
진출 지원, 우수 인재 유치, 글로벌 투자 생태계 조성 들을 전폭적으로
뒷받침하겠다는 방침입니다.

사람에게는 누구나 어린 시절이 있어요. 아직 키는 작지만 꿈과
희망으로 반짝반짝 빛나는 때죠. 기업도 마찬가지예요. 아이디어

는 뛰어나고 혁신적인 기술을 갖추고 있지만 창업한 지 얼마 되지 않아 규모가 작은 시기가 있습니다. 이런 기업을 **스타트업**이라고 불러요. 보통 생긴 지 3년 미만의 곳을 가리켜요. 스타트업 시기를 지나 어느 정도 규모가 커진 기업은 **벤처기업**이라고 불러요. 벤처(venture)는 영어로 모험이라는 뜻인데, 리스크는 크지만 성장 가능성이 큰 사업에 뛰어든 회사라는 뜻에서 이런 이름이 붙었어요.

사회에 활력이 돌려면 어린이가 많아야 하는 것처럼, 경제에 활력이 돌려면 스타트업과 벤처기업이 많아져야 해요. 스타트업과 벤처기업은 새로운 상품과 서비스로 큰 기업들과 경쟁합니다. 그들의 도전이 성공하면, 사람들의 생활이 크게 바뀌기도 합니다. 1990년대에 생긴 구글, 넷플릭스, 아마존 등이 이제 우리 삶에서 없어서는 안 될 서비스가 된 것처럼요. 또 이들이 성장하면서 사회 전체의 경제 규모가 커지고, 그만큼 새로운 일자리도 생겨요.

대통령 후보들이 발표하는 공약에는 어김없이 스타트업과 벤처기업 지원 정책이 들어 있습니다. 방금 읽은 뉴스처럼, 정부나 지방자치단체가 이들을 지원하기도 하고요. 요즘은 대기업도 스타트업 지원에 적극적으로 나서요. 어린이가 부모의 도움으로 성장하는 것처럼, 자금과 경험이 부족한 스타트업과 벤처기업도 지원이 필요하기 때문입니다.

　이렇게 지원이 절실한 스타트업과 벤처기업이 성지로 여기는

곳이 '실리콘밸리'입니다. 정보 통신 산업 중심지 실리콘밸리는 미

국 샌프란시스코 인근 계곡에 있어요. 반도체를 생산하는 기업들

이 처음 여기에 자리를 잡으면서 발전하기 시작했죠. 이름도 반도

체의 재료인 '실리콘'과 계곡을 뜻하는 '밸리'라는 단어를 합친 거예요. 지금도 애플, 인텔, 알파벳(구글), 넷플릭스, 메타(구 페이스북) 등 세계적인 기업의 본사가 이곳에 있어요.

전 세계 스타트업이 꿈과 희망을 안고 실리콘밸리로 모여들어요. 스타트업이 성장할 수 있는 환경이 잘 만들어져 있어서, 여기에서 두각을 나타내면 세계적 기업으로 발돋움할 수 있거든요. 스타트업에 투자하려는 엔젤투자자*와 벤처캐피털*을 많이 만날 수 있다는 것도 그런 조건입니다. 이러한 환경을 '스타트업 생태계'라고 불러요.

스타트업이 성공하여 큰 기업으로 성장하는 건 실리콘밸리에서도 무척 드물어요. 오죽하면 기업 가치가 10억 달러를 넘길 정도로 성장한 스타트업을 일컬어 '유니콘'이라고 할까요? 성공한 스타트업은 마치 전설에 나오는 동물인 유니콘만큼 보기 어렵다는 의미로 이런 말이 생겼다고 하네요.

엔젤투자자
성장 가능성이 있는 회사를 발굴하는 일을 전문으로 하는 개인투자가

벤처캐피털
엔젤투자자가 하는 일을 여러 사람이 모여 더 큰 규모로 하는 회사

기업 성장의 비타민
주식

'전자 상거래의 메기' 쿠팡, 뉴욕 증시 상장

'전자 상거래의 메기'로 불리는 쿠팡이 오는 11일 미국
뉴욕증권거래소에 상장할 예정입니다. 쿠팡이 발행하는 공모주는
1억 2,000만 주입니다. 이를 통해 쿠팡은 최대 36억 달러의 자금을
조달할 것으로 보입니다.

쿠팡은 국내가 아닌 미국 뉴욕 증시 상장을 택한 게 더 많은 자금을
조달하기 위한 목적이라고 밝혔습니다. 쿠팡은 상장을 통해 조달한
자금을 물류 센터를 신규 건설하고 향후 5년간 5만 명을 추가로 고용해
압도적인 배송 경쟁력을 확보하는 데 투자할 계획이라고 밝혔습니다.

회사를 운영하기 위해 무엇이 필요할까요? 일단 소비자들을 사
로잡을 사업 아이디어가 있어야 해요. 다음으로는 아이디어를 현
실로 만들기 위해 함께 기술을 개발하고 상품을 만들 직원들이 있
어야 하죠. 사무실, 공장처럼 일을 할 수 있는 공간도 있어야 하
겠네요. 일을 하려면 컴퓨터 같은 도구도 필요하고, 생산에 필요

한 기계도 필요하죠. 이 모든 걸 갖추려면 당연히 돈이 필요합니다. 직원에게는 임금을 줘야 하고, 공간을 빌리려면 임대료를 내야 하고, 도구와 기계를 갖추는 데도 목돈이 들어가야 하니까요.

회사 운영에 필요한 자금을 마련하기 위해 가장 먼저 생각할 수 있는 방법은 돈을 빌리는 겁니다. 주변 사람의 도움을 받을 수도 있겠지만, 주로 은행이나 기업들을 지원하는 공공 기관에서 대출을 받아요. 이렇게 개인이나 금융회사에서 빌린 돈을 **부채**라고 해요. 부채는 약속한 날짜에 반드시 상환해야 해요. 돈을 제때 갚지 못하면 회사의 신용이 떨어져 다시 자금이 필요할 때 대출을 받기 힘들어집니다. 그 때문에 회사에 큰 어려움이 생길 수도 있지요.

많은 회사는 돈을 빌리기보다는 투자를 받으려고 노력해요. 미래에 회사가 성장했을 때 큰 수익으로 돌려주겠다는 약속을 믿고 돈을 보탤 투자자를 찾는 거예요. 이렇게 사업에 필요한 돈을 투자하는 일은 **출자**라고 불러요. 대신 회사는 투자자가 돈을 보탠 걸 확인해 주는 증서인 **주식**을 나눠 주고 **주주**로 대우합니다. 이렇게 주주들의 참여로 운영되는 회사를 **주식회사**라고 해요.

회사가 주식을 발행해 모은 돈은 **자본**이라고 불러요. 자본은 특별한 조건이 없는 한 투자 원금을 돌려줘야 할 의무가 없어요. 그 대신 사업을 잘해서 수익이 나면 그걸 나누어 주지요. 자본을 넉

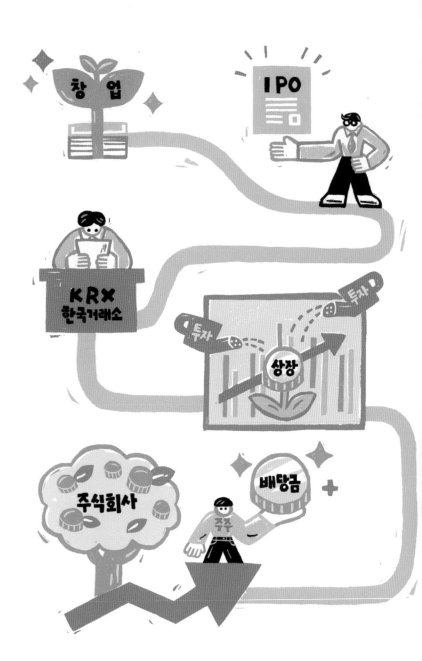

넉히 확보하면 훨씬 안정적으로 회사를 꾸려 나갈 수 있는 힘이 생겨요.

스타트업으로 출발한 회사가 무사히 성장 궤도에 올라서면 더 많은 돈이 필요하게 됩니다. 직원도 더 많이 뽑아야 하고, 사무실 공간도 늘려야 하고, 상품을 생산하거나 서비스를 제공하기 위한 기계와 설비를 갖춰야 해요. 이 정도로 규모가 커지면 알음알음 투자를 받아서는 충분한 자본을 마련하기 어려워요. 그럴 때 회사는 자본을 댈 투자자를 공개적으로 모집합니다. 원하는 누구나 주식을 받고 회사에 투자할 수 있도록 하는 거죠. 이걸 **기업공개 IPO**(Initial Public Offering)라고 합니다. 기업공개를 통해 모은 새로운 투자자들에게 나눠 주는 주식은 공모주라고 해요. 기업공개 후 회사의 주식은 주식시장에 등록돼 누구나 자유롭게 사고팔 수 있게 돼요. 이걸 상장이라고 부릅니다.

기업공개와 상장으로 자본을 마련할 수 있다니, 회사를 운영하는 사람에게는 더없이 좋은 일이군요. 하지만 아무 기업이나 이 제도를 이용할 수는 없습니다. 상장된 기업 주식은 수많은 사람이 사게 됩니다. 그 기업이 속이 텅 빈 부실기업이라면 그만큼 많은 사람이 손해를 보게 되겠죠? 그래서 투자자들을 보호할 장치가 있어야 합니다.

기업공개를 하려는 회사는 자신에 대한 정보를 정확하게 알려야 해요. 그 정보를 담은 것이 투자 설명서입니다. 여기에는 경영자가 자질이 뛰어나고 믿을 수 있는지, 어떤 사업을 하면서 얼마나 돈을 벌고 있는지, 투자받은 돈은 어떻게 사용할지, 회사의 비전이 무엇인지 등 다양한 정보가 담겨 있어요.

주식시장을 관리 감독하는 한국거래소는 회사가 공개한 정보를 꼼꼼하게 살펴보고, 주식시장에 상장해도 될 회사인지 아닌지 심사합니다. 이 심사를 통과한 기업만 주식을 발행해 공개적으로 자본을 모을 수 있어요.

기업공개와 상장 소식을 다룬 뉴스는 늘 투자자의 관심을 끌어요. 성장 가능성이 크다고 알려진 기업 주식이 상장되면, 수많은 투자자가 공모주를 사려고 경쟁을 벌입니다. 높은 경쟁률을 뚫고 공모주를 사면 큰 이익을 남길 거라고 기대하기 때문이죠. 주식을 사면 어떤 이익을 얻을 수 있는지 곧 알아보겠습니다.

우리가 주식을 사는 이유
배당과 매매 차익

삼성전자 작년 영업이익 36조… 주당 1,932원 배당

삼성전자가 코로나19 팬데믹 상황에서도 36조 원에 가까운 영업이익을
냈습니다. 연간 영업이익이 35조 원을 넘어선 것은 2013년과 2017년,
2018년 이후 네 번째입니다.

매출은 총 236조 8,070억 원으로 역대 세 번째로 높았습니다.

삼성전자는 주주 환원을 위해 보통주 기준 주당 1,932원을 배당금으로
지급하기로 결정했습니다. 삼성전자가 지급할 배당금 총액은 13조
1,243억여 원입니다.

삼성전자 주식을 보유한 사람들이 반길 만한 뉴스로군요. 삼성
전자가 1주를 가진 사람에게는 1,932원을, 10주를 가진 사람에게
는 19,320원을 주겠다는 소식이니까요. 1,000주를 보유한 투자자
라면 200만 원쯤 받겠네요.

앞서 주식은 '회사에 돈을 투자했다는 걸 증명하는 증서'라는 걸
배웠어요. 회사가 투자자에게 주식을 주는 건 미래에 생길 이익을

나누어 주겠다는 약속이라는 것도 기억나죠? 여러분은 시금 한 회사가 그 약속을 지키는 뉴스를 보고 있는 거예요.

이렇게 회사가 주주들에게 이익을 나누어 주는 걸 **배당**이라고 해요. 주식을 사는 사람들이 기대하는 이득 중에 하나가 바로 배당이에요. 우리나라 기업들은 보통 1년에 한 차례 배당을 하지만, 미국처럼 주주의 권리를 중요하게 여기는 나라에서는 월, 분기(3개월), 반기(6개월)처럼 짧은 주기로 배당을 하기도 합니다. 아무래도 주주 입장에서는 배당을 자주 하는 게 더 좋겠지요.

이익이 나도 회사는 이익 전부를 주주에게 배당하지는 않아요.

신기술 개발, 인재 영입, 공장 확대 등에 쓸 돈은 남겨 두어야 하니까요. 경제 위기가 올 것 같다면, 거기에 대비할 자금도 준비해 두어야 하죠. 얼마나 배당할지는 그 회사의 주주가 모두 모이는 **주주총회**를 열어 결정해요.

회사가 일정한 기간에 번 돈인 당기순이익에서 주주에게 나눠 주는 배당금의 비율을 **배당성향**이라고 불러요. 한 해에 거둔 당기순이익이 1,000억 원인 회사가 500억 원을 배당으로 나눠 준다면, 배당성향은 50%입니다.

주식을 사는 사람들이 기대하는 이득은 배당 말고도 또 있어요. 주식을 사고팔면서 돈을 버는 거죠. 주식시장에서 어떤 주식을 싸게 샀다가 비싸게 팔면, 팔 때 가격과 살 때 가격 차이만큼 이익입니다. 이걸 **매매 차익**이라고 해요. 원리는 간단하지만 실제로 매매 차익을 남기는 게 그렇게 쉽지는 않습니다. 주가는 늘 오르락내리락하고, 이익은커녕 비싸게 샀다가 싸게 팔아 손해를 보는 일도 생기지요.

주가를 움직이는 건 크게 보아 두 가지입니다. 첫 번째는 기업의 실적이에요. 기업의 성적표인 실적이 좋으면 당연히 그 기업의 주식가격이 오를 거예요. 회사가 잘되면 배당이 늘어나고, 주식을 갖기 위해 더 높은 가격을 부르는 사람이 생기거든요.

반대로 실적이 나쁘거나 회사가 앞으로 더 어려워질 것 같으면 그 회사의 주가도 떨어집니다. 회사가 이익을 내지 못하면 배당을 받지 못해요. 회사가 망하면 주식은 아무런 가치 없는 휴지 조각이 되고, 회사에 투자한 돈도 돌려받을 수 없어요. 당연히 그 주식을 팔려는 사람만 넘쳐 나면서 주가가 떨어집니다.

두 번째는 주식시장에 참여하고 있는 사람들의 기대입니다. 예를 들어 어떤 회사의 제품이 날개 돋친 듯 팔리고 있거나, 자원이 펑펑 쏟아지는 새로운 광산을 발견했거나, 유명 투자자가 그 회사에 큰돈을 투자했다는 뉴스가 나왔다고 해 봐요. 그 회사의 사업이 잘되고 미래 실적이 좋아질 거라는 기대가 커지면서 주가도 점차 올라가겠죠?

회사와 직접 관계가 없어 보이는 정보도 시장의 기대에 영향을 줄 수 있어요. 회사를 둘러싼 환경이나 소비 심리에 변화가 생길 수 있거든요. 지구온난화로 올겨울은 유난히 따뜻할 거라는 예보가 나왔다면 추위를 막는 방한 용품과 난방 용품이 예년보다 덜 팔리지 않을까요? 전 세계에 새로운 전염병이 창궐하면 어때요? 진단 키트와 의약품의 수요가 늘어날 테니 제약 회사의 실적이 좋아질 거라고 기대할 수 있겠군요.

사람들이 주식을 사는 또 다른 이유는 회사 경영에 참여할 수 있기 때문입니다. 주주에게는 주기적으로 회사가 잘 운영되는지 정보를 얻고 사업 방향에 의견을 낼 수 있는 권리가 있어요. 중요한 의사 결정을 위한 찬반 투표에 참여하여 표를 던질 수도 있죠.

그런데 주식회사에서 투표를 할 때는 대통령이나 반장을 뽑을 때처럼 주주들이 동등하게 한 표씩 행사하지 않아요. 회사의 주식을 가진 비율인 **지분**만큼 표를 행사할 수 있어요. 예를 들어 지분 30%를 가진 사람은 투표를 할 때 100표 중 30표를 혼자서 던질 수 있는 힘이 있답니다.

따라서 회사에서는 지분을 가장 많이 가진 최대 주주가 가장 큰 권한을 갖습니다. 만약 최대 주주가 의결권의 과반에 해당하는 50%가 넘는 지분을 확보하면, 자기가 원하는 방향대로 회사를 이

끌 수 있어요. 새로운 사업을 시작하거나 전문 경영인을 새로 선임하는 것 같은 중요한 사안을 결정할 힘을 최대 주주가 갖게 되지요. 이런 권한을 **경영권**이라고 해요.

지분에 따라 의사 결정이 이뤄지는 구조에서는 주식을 조금씩 갖고 있는 '소액주주'의 목소리는 회사에 반영되기 어려워요. 그래도 요즘은 소액주주들이 함께 모여 한목소리를 내는 **주주 행동주의**가 힘을 얻고 있어요. 한 사람이 가진 지분은 아주 적지만, 다 같이 지분을 모으면 최대 주주도 신경 쓸 만큼 큰 목소리를 낼 수 있거든요.

경제 흐름을 알려 주는 숫자
주가지수

외국인 매수세에 코스피·코스닥 상승 마감

코스피가 1% 넘게 올라 2,230대에 마감했습니다.

코스닥도 전 거래일보다 3% 올라 700대를 회복했습니다.

유가증권시장에서 외국인은 2,531억 원 어치를 사들이며 지수를

끌어올렸습니다. 외국인은 코스닥 시장에서도 1,334억 원 어치를

순매수했습니다.

　　주가지수 소식은 뉴스마다 어김없이 등장합니다. 숫자만 줄줄

이 나열하는 게 무슨 암호 같기도 하지만, 경제가 어떻게 돌아가

는지 알려면 관심을 가져야 하는 뉴스예요. 왜 그런지 지금부터

알아보겠습니다.

　　주식을 사거나 팔 때마다 주식을 발행한 회사나 주식을 보유한

주주를 찾아다녀야 한다면 엄청나게 불편할 거예요. 시장에 가면

다양한 상품을 사고팔 수 있는 것처럼, 주식을 팔려는 사람과 사

려는 사람이 만나서 거래하는 시장이 있어요. 바로 **주식시장**이에요. 우리나라에는 대표적으로 유가증권시장과 코스닥(KOSDAQ) 시장이 있습니다.

유가증권시장은 삼성전자, 현대자동차, LG전자처럼 비교적 큰 기업의 주식이 거래되는 곳이에요. 1956년에 처음 열렸을 때만 해도 12개 회사의 주식만 거래가 됐지만, 이제는 약 2,400개 회사의 주식을 사고팔 수 있을 정도로 규모가 커졌어요.

코스닥 시장은 정보 통신, 바이오, 엔터테인먼트 등 새롭게 떠오르는 산업군에 있는 회사의 주식이 거래됩니다. 이들 회사는 상대적으로 규모는 작지만, 성장할 수 있는 잠재력이 크다고 평가받는 경우가 많아요. 현재 코스닥 시장에서는 1,500여 개 회사의 주식을 거래합니다.

이제 여러분이 주식을 가지고 있는 투자자라고 해 보죠. 가장 관심이 많이 가는 건 여러분이 보유한 주식의 가격일 거예요. 그래도 투자자라면 눈을 더 크게 뜨고 주식시장 전체 흐름에도 관심을 기울여야 합니다. 시장 전체는 오름세인데 내가 보유한 종목의 가격만 내려갈 수도 있고, 우리나라 주가는 전체적으로 내려가고 있는데 다른 나라 주가는 올라갈 수도 있잖아요. 주식시장 전체에 들어오는 돈이 늘어나는지 줄어드는지, 내가 투자한 기업이 다른 기업에 비해 높은 수익을 가져다주는지, 다른 나라와 비교했을 때 우리나라 기업들은 잘 성장하고 있는지 등을 잘 살피면 투자하는 데 큰 도움이 됩니다.

이렇게 주식시장 전체 흐름을 살필 때 필요한 게 **주가지수**예요. 주가지수는 한 종목이 아니라 시장에서 거래되는 종목 전체 또는 특정 산업군에 속한 종목 전반의 주가가 어떻게 움직이는지 알려 줍니다.

유가증권시장을 가늠할 수 있는 대표 지수는 **코스피 KOSPI**입니다. 'Korean Composite Stock Price Index'의 앞 글자를 딴 거예요. 코스피는 1980년 1월 4일에 유가증권시장에서 거래된 모든 주식의 가치(시가총액)를 기준으로 합니다. 그때 시가총액을 100으로 두고 현재 시가총액을 그것과 비교하여 나타내요. 오늘 코스피가 2,000이라는 건, 오늘 유가증권시장에서 거래된 주식의 시가총액이 1980년 1월 4일의 시가총액의 20배라는 의미지요.

코스닥 시장에서는 코스닥지수로 전체 흐름을 알 수 있습니다. 코스닥지수는 1996년 7월 1일 기준 코스닥 시장의 시가총액을 1,000으로 두고, 현재 시가총액의 상대적인 가치를 표시합니다.

이제 다시 뉴스로 돌아가 볼까요. 코스피가 1% 넘게 올랐군요. 이 말은 "유가증권시장에 상장된 전체 주식의 가치가 1% 올랐다."

라는 말과 같습니다. 뉴스에 나오는 코스피는 날마다 발표하니까

하루 사이에 이만큼이나 오른 거랍니다. 주가지수가 올라간 이유

는 외국인이 주식을 많이 샀기 때문이군요. 외국인이라고 하니까

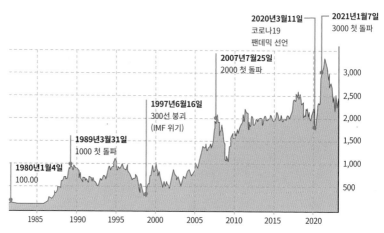

코스피 추이(1980년-2023년) 짧은 기간에는 오르락내리락했지만 장기적으로는 올랐다.

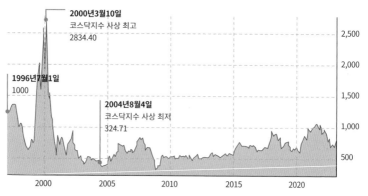

코스닥지수 추이(1996년-2023년)

출처: 한국거래소

개인이라는 느낌을 주지만, 여기서 외국인은 대부분 외국에 거점을 두고 있는 투자회사들입니다. 우리나라 주가지수가 오른다는 건 투자자들이 현재와 미래의 우리나라 경제 상황을 좋게 보고 있다는 뜻입니다.

우리나라 주식시장 뿐 아니라 다른 나라의 주식시장에도 고유한 주가지수가 있습니다. 미국 뉴욕 증시(NYSE)에는 산업종합지수(다우지수)와 S&P500지수가, 나스닥(NASDAQ) 시장에는 나스닥지수가 있어요. 일본은 도쿄 증시(TSE)의 닛케이평균지수, 중국은 상하이 증시(SSE)의 상하이종합지수와 홍콩 증시의 항셍지수가 대표 지수예요. 모두 경제 뉴스에서 친숙하게 들을 수 있는 이름입니다.

시장에서 평가하는 몸값, 시가총액

기업이 얼마나 가치가 있는지 어떻게 알 수 있을까요? 주식시장에서 평가하는 기업의 몸값은 시가총액으로 알 수 있어요. 시가총액은 기업이 발행한 주식을 모두 사는 데 필요한 금액이지요. 현 시점의 주식가격에 발행한 주식 수를 곱해서 구해요. 주식시장의 가치를 구할 때도 시가총액을 사용해요. 상장된 모든 기업의 시가총액을 더한 것이 주식시장의 시가총액이에요.

간혹 주식시장에 관심을 갖기 시작한 투자자들이 주가가 비싸면 더 가치 있는 회사라고 생각하는 경우가 있어요. A회사의 주가는 5만 원, B회사의 주가는 5,000원이라면 A회사의 몸값이 더 높다고 생각하는 거예요.

그렇지만 기업의 몸값을 따질 때는 주식 수까지 고려해야 해요. 발행주식 수가 A회사 100만 주, B회사 1,000만 주라면 두 회사의 시가총액은 500억 원으로 동일해요. 즉, 시장에서 보는 두 회사의 몸값도 같다는 뜻이지요.

기업 경영에도 성적표가 있다
실적

돌아온 어닝 시즌… 소비 위축으로 주요 기업 어닝 쇼크 예고

다음 주 우리나라 주요 기업들이 1분기 실적 발표를 앞두고 있습니다.

전 세계 소비 심리 위축으로 인해 반도체와 전자 업종은 수익성이 크게

나빠질 것으로 보입니다.

원자재 가격 상승과 수요 부진으로 철강과 석유화학 업종도 실적 부진이

예상됩니다.

반면 전기차 판매가 호조를 보이면서 자동차, 배터리 업종은 비교적

좋은 실적을 거둘 것으로 기대됩니다.

코스피와 코스닥지수를 보면, 주식시장 전체가 어떻게 움직이

는지, 앞으로 경제 상황이 어떨지 알 수 있다고 했어요. 여러분이

주식 투자자라면 주식시장 전체의 움직임뿐만 아니라 보유하고

있는 주식가격이 어떻게 될지 궁금할 거예요. 그걸 예측할 수 있

는 방법이 하나 있습니다.

학교에서 주는 성적표를 보면 그 학생의 수준이 어느 정도인지,

어느 과목을 잘하고 어느 과목이 부족한지 알 수 있잖아요? 이와 마찬가지로 기업 성적표를 들여다보면, 창업자나 전문 경영인이 회사를 잘 경영하고 있는지 확인할 수 있어요. 기업이 정기적으로 받는 성적표를 **실적**이라고 불러요. 실적은 회사가 정해진 기간 동안 상품이나 서비스를 잘 팔았는지, 돈은 잘 벌었는지 보여 주는 지표예요. 실적에는 여러 지표가 포함되는데 그중에서 **매출액, 영업이익, 당기순이익**을 중요하게 봅니다.

매출액은 상품이나 서비스를 잘 팔고 있는지, 얼마나 팔았는지 나타내는 지표입니다. 상품이나 서비스를 판 가격에 판매 수량을 곱해서 구해요. 이해하기 쉽게 국수 가게로 이야기해 볼게요. 한 해 동안 한 그릇에 1만 원인 국수를 1만 그릇 팔았다면, 국수 가게의 매출액은 1억 원이 됩니다.

영업이익은 상품이나 서비스를 팔아서 남긴 이익이 얼마인지 보여 줘요. 매출액에서 상품이나 서비스를 만들어 판매하기 위해 들어간 비용을 뺀 거예요. 다시 말해 국수 가게 매출 1억 원이 모두 이익은 아니라는 거죠. 밀가루 등 국수 재료비, 가게 임대료, 주방장 월급, 배달 기사에게 주는 배달료 등 식당을 운영하는 비용을 모두 더한 금액이 5,000만 원이라고 해 봅시다. 이 가게의 영업이익은 매출액 1억 원에서 영업 비용 5,000만 원을 뺀 5,000만 원입니다. 이 정도면 성적이 괜찮은가요? 결론을 내리기 전에 따져 볼 게 하나 더 있습니다.

당기순이익은 영업과 관계없는 이익과 비용, 국가에 내는 세금까지 모두 정산한 뒤 회사가 일정 기간 동안 실제 번 돈이 얼마인지 따져 본 결과예요. 다시 국수 가게로 돌아가 보지요. 국수 가게 사장님이 한 켠에 남는 공간을 카페 사장님에게 월세 50만 원을 받고 임대해 줬다고 해 봐요. 1년간 받은 임대료 600만 원은 국수를 파는 일과 상관없지만, 어쨌든 가게를 해서 번 돈이에요. 이렇게 회사의 본업과 관계없이 번 돈은 **영업외수익**이라고 해요. 가게를 낼 때 은행에서 대출을 받았다면 이자를 내야 하잖아요. 대출이자처럼 본업과 관계없이 지출한 돈은 **영업외비용**이라고 합니다. 당

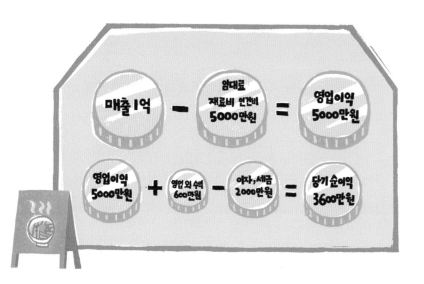

기순이익은 영업이익에 영업외수익을 더하고 영업외비용과 세금을 뺀 거예요. 어떤 회사가 실제로 이익을 내고 있는지 알려면 영업이익뿐만 아니라 당기순이익까지 살펴보아야 하죠.

회사가 항상 돈을 버는 것은 아니에요. 상품이 잘 팔리지 않아서 매출액이 줄어들거나, 예상치 못한 비용이 생기면 오히려 밑지는 장사를 할 때도 있어요. 손해가 계속되어서 더는 견딜 수 없게 되면 회사가 파산을 할 수도 있어요. 그러면 그 회사 주식은 휴지 조각이 돼요.

주식시장에 상장된 회사들은 1년을 4분기로 나눠 3개월마다 실적을 발표합니다. 회사가 잘 운영되고 있는지, 밑지는 장사를 하진 않는지, 혹시 위험 신호가 나타나진 않았는지 정확히 알려야 합니다. 투자자들을 보호하기 위해서이지요. 이렇게 회사들의 실적이 집중적으로 발표되는 기간을 '어닝 시즌(earning season)'이라고 해요.

어닝 시즌이 되면 여러 회사의 실적에 대한 소식이 연일 뉴스를 가득 채웁니다. 회사의 실적이 기대보다 좋으면 '어닝 서프라이즈(earning surprise)', 기대보다 나쁘면 '어닝 쇼크(earning shock)'라고 불러요. 또 어닝 시즌마다 투자자들을 위해 회사가 개최하는 실적 설명회는 '어닝 콜(earning call)'이라고 해요.

적자와 흑자

경제 뉴스를 보다 보면 '적자'와 '흑자'라는 표현을 자주 접하게 됩니다. 붉은 글씨를 의미하는 적자는 번 돈보다 쓴 돈이 많아서 손해를 본 상황을 뜻해요. 반대로 검은 글씨를 의미하는 '흑자'는 쓴 돈보다 번 돈이 많아 이익을 본 것입니다.

이런 표현은 유럽의 오랜 관습에서 나왔다고 해요. 중세 시대부터 유럽에서는 장부를 쓸 때 이익은 검은색으로, 손해는 붉은색으로 금액을 표시했어요. 검은 글씨 사이에 붉은 글씨가 있다면, 아무래도 위험 신호를 쉽게 알아차릴 수 있었겠지요?

회사의 새 주인이 되는 법
엠엔에이(M&A)

디즈니, 폭스 인수 마무리 ⋯ '콘텐츠 공룡' 탄생

월트디즈니가 21세기 폭스의 새로운 주인이 되었습니다.
무려 710억 달러, 우리 돈 80조 원 규모의 이번 인수로 전 세계
엔터테인먼트 시장의 지각변동이 예상됩니다.
현재 디즈니는 동영상 스트리밍 서비스 '디즈니플러스' 출범을 앞두고
있습니다. 이미 스타워즈와 마블 시리즈를 보유한 디즈니가 폭스를
인수하며 엑스맨, 아바타 같은 인기 시리즈 판권도 갖게 됐습니다.
시청자를 유인할 콘텐츠를 대거 확보하며 니즈니플러스는 넷플릭스와
본격적인 경쟁 체제에 돌입할 것으로 보입니다.

디즈니가 21세기 폭스를 인수했다는 뉴스네요. 여러분이 잘 아
는 엑스(옛 트위터)와 유튜브도 창업자가 다른 회사에 팔았어요. 이
런 일이 있을 때 뉴스에서 '회사 주인이 바뀌었다'는 표현을 쓰기도
합니다. 이런 표현을 들으면 개인이나 기업이 다른 기업을 몽땅
소유하게 되었다고 생각하기 쉽지만 사실은 좀 다릅니다.

경제 뉴스에서는 경영권을 가진 주주를 '회사의 주인'이라고 합니다. **경영권**은 전체 주식의 과반을 가진 최대 주주가 가집니다. 그러니까 어떤 회사의 새로운 주인, 즉 경영권자가 되고 싶으면 주식을 사들여 지분의 과반을 확보하면 됩니다. 경영권자가 되면 회사를 움직이는 방향을 결정할 수 있지요. 그런 의미로 경영권자를 주인이라고 말하는 것이고, 이런 의미의 주인이 되기 위해 그 회사 주식을 몽땅 소유할 필요는 없습니다.

큰 회사의 경영권은 상상도 할 수 없을 정도로 가격이 비싸요. 뉴스에 나온 21세기 폭스는 710억 달러라는 천문학적 가격에 팔렸어요. 회사의 가치가 그만큼 크다는 뜻이기도 하지만 다른 요인도 작용한 결과입니다.

경영권을 확보하려면 예전 주인의 주식을 사들여야 해요. 이럴 때 보통은 주식시장에서 거래되는 가격보다 훨씬 높은 가격을 쳐줍니다. 주인이 되기 위해 반드시 필요한 주식이니까 비싼 가격에라도 사는 거죠. 이렇게 경영권이 달려 있는 주식에 붙는 더 높은 가격을 **경영권 프리미엄**이라고 해요.

경영권 프리미엄까지 주면서 다른 회사를 사려는 이유는 뭘까요? 회사를 사는 데 들인 돈 보다 훨씬 큰 이익을 낼 거라고 생각하기 때문에 과감하게 투자하는 거예요. 예를 들어 구글은 자신들의 검색, 광고 기술에 유튜브를 접목하면 큰 시너지가 날 거라고 판단했어요. 유튜브가 쉽게 영상을 찾고 더 효과 좋은 광고를 보여 주는 매체로 발전할 수 있다고 본 거예요. 예상은 적중해서 유튜브는 세계에서 가장 잘나가는 동영상 플랫폼이 됐고, 구글은 유튜브를 사는 데 쓴 돈보다 훨씬 많은 돈을 벌었어요.

다른 회사를 사들여 단박에 경쟁력을 높일 수도 있어요. 뉴스에 나온 디즈니가 바로 그런 경우예요. 아마 디즈니가 21세기 폭스를 인수했다는 뉴스에 바짝 긴장한 쪽은 넷플릭스일 거예요. 이 일로 OTT(Over The Top)라고 부르기도 하는 동영상 스트리밍 서비스 분야에 새로 진출하려는 디즈니가 인기 있는 콘텐츠를 확보하게 되었으니까요.

어떤 상품의 시장점유율이 단숨에 바뀌기도 해요. 시장점유율은 특정 회사의 상품이 같은 품목 전체를 놓고 봤을 때 얼마나 팔리는지 나타내는 수치입니다. 예를 들어 우리나라에서 즉석밥이 날마다 10만 개가 팔린다고 해 보죠. 여러분이 경영하는 회사 제품이 하루에 4만 개가 팔린다면, 시장점유율은 40%예요. 이 상태에서 여러분 회사가 3만 개를 파는 회사를 사면, 시장점유율이 70%까지 올라가겠군요.

엠엔에이(M&A)는 회사를 사고파는 일을 뜻하는데 **합병(Merger)**과 **인수(Acquisition)**의 머리글자를 따서 용어를 만들었어요. 인수는 회사의 경영권만 가지고 오는 거예요. 주인은 바뀌었지만 회사의 이름은 그대로 남지요. 합병은 회사를 산 뒤 다른 여러 회사와 합쳐 하나의 큰 회사로 만드는 거예요.

엠엔에이는 사는 쪽과 파는 쪽의 합의로 이뤄질 때가 많아요. 하지만 사는 쪽에서 일방적으로 경영권을 가져오려고 하는 경우도 있어요. 이걸 '적대적 엠엔에이'라고 불러요. 이때에는 공개적으로 주식을 사들이거나 소액주주들을 자기편으로 끌어들인 뒤, 누가 더 많은 지분을 확보했는지 표 대결을 합니다. 과반수에 해당하는 '지분 50%+1주'를 확보한 쪽이 회사의 새로운 주인이 되죠.

회사를 사고파는 일은 국가 차원에서도 따져 볼 점이 있어요. 우리나라를 지키는 데 꼭 필요한 첨단 기술을 보유한 회사가 외국에 팔리면, 국가 안보에 위협이 돼요. 기술정보가 해외로 유출될 수 있으니까요. 회사를 사고파는 일로 시장점유율이 바뀌어 여러 회사가 경쟁하던 시장이 독과점 시장으로 변할 수도 있지요.

이런 이유로 우리나라를 비롯한 대부분 국가에서는 '반독점 심사'와 '안보 심사'를 통과해야만 회사를 사고팔 수 있도록 허용해 줍니다. 새로운 주인이 회사를 샀을 때 지나치게 큰 시장점유율을 갖지 않는지, 소비자 피해는 없을지, 기술이 유출되어서 국가 안보에 위협이 되진 않는지 꼼꼼하게 살펴보는 거예요.

스타트업: 아이디어와 기술을 갖추고 있지만 창업한 지 얼마 되지 않아 규모가 작은 회사. 보통 생긴 지 3년 미만의 회사를 가리킨다.

주식: 사업에 필요한 돈을 투자했을 때, 회사가 그 사실을 확인하여 투자자에게 주는 증서. 주식을 갖고 있는 투자자를 주주라고 한다. 주주는 회사 경영에 참여할 수 있으며, 그런 회사를 주식회사라고 한다.

배당: 회사가 사업 경영의 결과로 얻은 이익을 주주에게 나눠 주는 일. 주주는 자신이 보유한 주식 수에 비례하여 배당금을 받는다.

매매 차익: 주식을 사고팔아서 생기는 수익. 주식을 싸게 사서 비싸게 팔 때 수익이 생기며, 반대 경우에는 손해를 본다.

주가지수: 주식시장에서 거래되는 종목 전체 또는 특정 산업군에 속한 종목 전반의 주가가 어떻게 움직이는지 보여 주는 수치. 우리나라 대표 주가지수로는 코스피와 코스닥지수가 있다.

시가총액: 주식시장에서 거래되는 주식의 가격을 모두 합한 금액. 주식 수에 주가를 곱하여 구한다. 한 회사의 시가총액도 같은 방법으로 구하며, 시가총액이 그 회사의 가치를 나타낸다.

실적: 회사 경영의 성적표. 상품과 서비스를 잘 팔고 있는지 나타내는 '매출액'과 얼마나 이익을 남겼는지 보여 주는 '영업이익', '당기순이익'을 중요하게 본다. 실적이 좋으면 경영을 잘하고 있다는 의미로 여겨져 보통 주가가 오른다.

엠앤에이(M&A): 합병(Merger)과 인수(Acquisition)의 앞 글자를 딴 말로 회사를 사고파는 일을 뜻한다. 주식회사에서는 지분의 과반을 확보하면 회사의 경영권을 갖게 된다.

04

국제 거래와
환율

나라에도 거래 장부가 있다
경상수지

경상수지 적자 사상 최대… 수출 줄고, 해외여행 늘고

1월 경상수지가 한 달 만에 적자로 돌아섰습니다. 적자 규모가 월간 기준으로는 사상 최대치입니다.

한국은행이 발표한 국제수지 잠정 통계를 보면 1월 경상수지 적자 규모는 45억 2,000만 달러로 집계됐습니다.

먼저 수출 감소로 인해 상품 수지 적자 폭이 확대됐습니다. 수출액은 지난해 1월보다 14.9% 줄었는데 특히 반도체와 철강 제품 수출이 부진했습니다.

서비스 수지 적자는 32억 7,000만 달러로 확대됐습니다. 특히 코로나19 방역 완화로 해외여행을 떠나는 국민들이 늘어나면서 여행 수지 적자가 14억 9,000만 달러로 늘어났습니다.

'적자'라는 낱말이 꽤나 자주 등장하는 뉴스네요. 앞에서 배웠으니 잘 알 테지만, 번 것보다 쓴 것이 더 많을 때 쓰는 말이 적자잖아요. 그럼 이 뉴스에서 말하는 적자는 무엇을 벌고 무엇을 더 썼

다는 것일까요? 적자 앞에 어떤 낱말들이 붙었는지 살펴보세요. 경상수지, 상품 수지, 서비스 수지, 여행 수지가 나옵니다. 적자라는 말이 붙지는 않았지만 국제수지도 있고요. 이 낱말들이 무슨 뜻인지 알면 우리가 한 질문에 맞는 답을 찾을 수 있습니다. 지금부터 차근차근 알아보지요.

2022년을 기준으로 우리나라는 세계에서 여섯 번째로 무역을 많이 하는 나라예요. 수출과 수입을 합친 무역 규모가 우리나라보다 큰 나라는 중국, 미국, 독일, 네덜란드, 일본밖에 없어요. 우리나라는 반도체, 선박, 석유제품, 자동차, 스마트폰, TV 등을 만들어서 다른 나라에 수출해요. 그 대신에 우리나라에서 나지 않는 원유, 천연가스, 석탄 등의 원자재를 많이 수입하죠. 수입액 순위에서 원유와 1위를 놓고 겨룰 만큼 반도체도 꽤 많이 사 옵니다. 반도체는 왜 수출과 수입, 모두 최상위권에 올랐냐고요? 반도체 종류가 달라서 그래요. 우리가 수출하는 건 주로 데이터를 저장하는 데 쓰는 '메모리 반도체'이고, 자동차 등에서 두뇌 역할을 하는 '시스템 반도체'는 수입을 더 많이 해요.

위에서 말한 상품뿐만 아니라 서비스도 나라 사이에 사고팔 수 있어요. 해외여행은 대표적인 서비스 거래입니다. 외국에서 온 여행객이 관광지를 둘러보며 돈을 쓴다면 한국이 서비스를 외국에 판매한 거라고 볼 수 있어요. 이와 반대로 우리나라 사람들이 해외여행을 하면서 돈을 쓰는 것은 외국에서 서비스를 구입한 셈입니다.

지금까지 살펴본 것처럼 나라와 나라 사이에서 상품과 서비스 등을 사고파는 것을 **경상거래**라고 해요. 거래를 했으니 오간 돈을 따져서 정산해 볼 필요가 있겠죠? 이게 **경상수지**랍니다. 경상수지 흑자는 우리나라가 경상거래를 해서 다른 나라로부터 받은 돈이 더 많다는 뜻이고, 경상수지 적자는 다른 나라에 준 돈이 더 많다는 걸 뜻합니다. 이때 경상거래 중에서 상품 거래만 따로 떼어서 정산한 것을 **상품 수지**라고 해요. 수출액이 수입액보다 많으면 흑자, 반대 경우는 적자예요. 상품 수지를 무역수지라고도 합니다. 엄밀히 말하면 차이가 있지만, 서로 바꾸어 써도 크게 틀리지는 않습니다.

상품이 아닌 무형의 서비스를 주고받는 걸 따져 본 건 **서비스 수지**라고 해요. 여행 수지는 서비스 수지 중에서 여행만 따로 떼어 내 따져 본 것이고요.

국가 간에는 무언가를 사고파는 거래만 이루어지지 않습니다. 외국 기업 주식에 투자를 할 수도 있고, 외국에서 돈을 빌릴 수도 있습니다. 이렇게 금융으로 돈이 오고간 내역을 정산한 걸 '자본·

금융 계정'이라고 합니다. 방금 설명한 자본·금융 계정과 경상수지를 합친 것이 바로 **국제수지**입니다. 따라서 우리나라와 외국 사이에 이루어진 모든 국제 거래를 통틀어서 흑자인지 적자인지 알고 싶다면 국제수지를 찾아보아야 합니다.

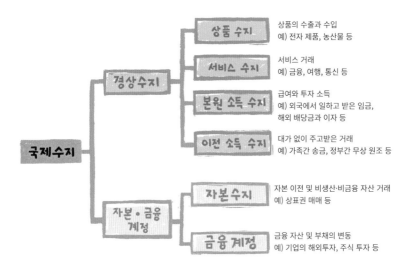

뉴스에서 주로 다루는 것은 경상수지입니다. 우리나라가 다른 나라에 상품을 팔거나 서비스를 제공해서 돈을 얼마나 벌고 있는지, 다른 나라가 우리나라에 상품과 서비스를 팔아서 버는 돈이 얼마나 되는지 알려 주는 지표가 경상수지이기 때문이에요. 뉴스에서 경상수지 적자가 역대 최대라는 것을 보니, 우리나라가 다른 나라를 상대로 벌어들이는 돈보다 다른 나라가 우리나라에서 벌어 가는 돈이 훨씬 많은가 보네요.

경상수지 적자가 오랫동안 이어지면 우리나라 경제에 좋지 않습니다. 다른 나라와 무역을 하면 할수록 기축통화인 미국 달러가 계속 나라 밖으로 빠져나간다는 뜻이거든요. 최악의 경우 국제 거래를 하는 데 필요한 미국 달러가 부족해서 문제가 생기는 외환 위기가 올 수도 있어요. 1998년 IMF 외환 위기도 경상수지 적자가 오랫동안 이어진 게 원인 중 하나였어요.

그럼 흑자가 나는 게 좋겠죠? 기본적으로는 그렇습니다. 수출을 많이 하면 우리나라 기업의 이윤이 커지고 일자리와 투자가 늘어나 경제에 활력이 돌아요. 하지만 경상수지 흑자를 너무 많이 내는 것도 좋지 않아요. 경상수지 흑자는 수입을 적게 한다는 거잖아요? 그건 국민들이 수입 통제, 높은 환율 등 여러 이유로 다른 나라에서 들어오는 상품을 원하는 만큼 사지 못한다는 신호일 수 있어요. 그만큼 소비의 즐거움도 제약을 받겠지요.

또 우리와 무역을 하는 상대 국가로부터 눈총을 받을 수도 있어요. 마치 돈을 벌기만 하면서 쓸 줄 모르는 자린고비라는 평가를 받는 것과 비슷해요. 그렇게 되면 국제사회에서 경계의 대상이 되어 무역을 하기 힘들어집니다. 경제활동을 할 때 항상 적절한 균형을 유지하는 게 중요한데, 수출과 수입도 그렇습니다.

무역수지나 경상수지를 다루는 뉴스에서는 흑자나 적자 액수를 항상 달러로 표시합니다. 우리나라 경제 뉴스인데 말이에요. 왜 그럴까요? 바로 다음에 이어지는 뉴스에서 이유를 확인해 보겠습니다.

원유를 사려면 달러가 필요하다
기축통화

킹달러 균열 노리는 중국… "위안화로 원유 결제"

중국이 원유를 살 때 미국 달러로 결제하는 관행인 '페트로 달러'를
흔들고 있습니다.

사우디아라비아 등 걸프 6개국이 수출하는 원유 대금을 위안화로
치르는 방안을 추진하겠다고 시진핑 중국 국가 주석이 밝혔습니다.
이 발언은 시 주석이 무함마드 빈 살만 사우디아라비아 왕세자와
정상회담을 한 직후 나왔습니다. 미국 달러 지위를 흔들고 위안화를
기축통화로 만들겠다는 의도를 드러낸 겁니다.

혹시 중고 장터에서 흥정을 해 본 일이 있나요? 판매자와 구매
자는 서로 원하는 가격을 제시하고, 서로 만족하는 수준에서 가격
이 결정되면 거래가 성사돼요. 이때 판매자와 구매자는 우리나라
에서 사용하는 통화인 '원'을 기준으로 가격을 부르죠.

국경을 넘어 상품이나 서비스를 거래할 때는 어떨까요? 나라마
다 서로 다른 돈을 사용하는데, 어떤 돈을 기준으로 가격을 정해

야 할지 애매해요. 이걸 해결하는 방법은 모든 나라가 거래를 할 때 공통으로 사용할 통화를 정하는 거예요. 거래 상대가 달라지더라도 항상 같은 통화를 주고받는 거지요. 가격도 이 통화를 기준으로 정하고요. 이처럼 서로 다른 나라 사이에 이뤄지는 국제 거래에서 기준이 되는 통화를 **기축통화**라고 합니다.

기축통화는 전 세계에서 사용하는 돈이니 아무거로나 정할 수는 없어요. 앞 장에서 금융시장에서는 참여자간 믿음이 중요하다고 배웠지요? 기축통화도 마찬가지예요. 모든 나라가 기축통화의 가치를 믿을 수 있어야 해요. 그래서 기축통화가 되려면 조건이 필요해요. ①군사적 경제적으로 강한 나라가 발행하고 ②통화 가치가 안정적이며 ③양이 충분히 많아서 전 세계에서 사용하기에 어려움이 없어야 해요. 쉽게 말해 믿을 만한 강대국에서 기축통화를 발행해야 하고 가치가 흔들리지 않아야 한다는 뜻입니다.

이런 조건을 충족해서 현재 대표 기축통화로 쓰이는 통화는 미국 달러입니다. 세계대전이 막바지를 향하던 1944년, 전 세계 44개국이 브레튼우즈라는 작은 도시에 모여 체결한 **브레튼우즈 협정**을 통해 미국 달러가 기축통화 자리에 올랐어요. 브레튼우즈 협정에서 미국은 35달러를 언제든 금 1온스로 교환해 주겠다는 약속을 했어요. 누구나 그 가치를 인정하는 금으로 맞바꿔 주겠다는데 누가 미국 달러의 가치를 의심하겠어요? 게다가 미국이 전쟁 이후 전 세계에서 가장 막강한 힘을 가진 강대국이 되었으니, 모든 국가가 미국 달러를 기축통화로 인정하게 되었지요.

한때 미국 달러의 위상이 흔들렸던 적도 있어요. 1971년 당시 미국 대통령이었던 리처드 닉슨이 돌연 미국 달러를 금으로 바꿔주는 걸 중단한다고 선언했거든요. 당시 미국은 해마다 무역 적자가 쌓이고 있었어요. 미국이 적자라는 건 미국에 수출한 나라들이 그만큼 미국 달러를 많이 보유하게 된다는 뜻이잖아요? 당시 미국에는 그 많은 달러와 교환해 줄 금이 충분치 않았어요. 국제경제에 큰 파장을 일으킨 이 사건을 '닉슨 쇼크'라고 불러요. 금과 같았던 미국 달러에 대한 믿음도 점차 흔들리게 되었지요.

1973년, 미국은 세계에서 가장 원유를 많이 생산하는 사우디아라비아와 엄청난 거래를 성사시켜, 미국 달러의 위상을 다시 높였어요. 미국이 사우디아라비아를 안전하게 지켜 주는 대신 사우디아라비아는 다른 나라에 원유를 팔 때 미국 달러만 받기로 합의했죠. 원유가 필요한 나라는 미국 달러를 사용해야 하니까, 이제 미국 달러의 가치는 금이 아닌 원유를 바탕으로 유지되기 시작했어요. 이걸 **페트로 달러*** 체제라고 합니다.

미국의 노력으로 브레튼우즈 협정이 체결된 때부터 지금까지 미국 달러는 약 80년 동안 기축통화의 자리를 지키고 있어요. 그 덕분에 미국은 무역 적자와 재정 적자(정부의 지출이 수입보다 많은 상태)가 동시에 일어나는 '쌍둥이 적자'를 내면서도 외환 위기 없이 버틸 수 있었어요. 또 달러를 무기로 세계 경제에서 강력한 영향력을 휘둘렀고요.

페트로 달러
달러에 석유를 뜻하는 영어 'petroleum'을 붙인 말

이렇게 이득이 크니 당연히 미국 달러의 자리를 넘보는 통화도 나타납니다. 최근에는 중국이 급성장한 경제 규모와 아시아 시장의 영향력을 바탕으로 중국 돈 위안화를 기축통화로 삼으려고 시도하고 있어요. 특히 원유를 중국 위안화로 살 수 있도록 사우디아라비아를 설득하는 데 힘을 쏟고 있지요. 페트로 달러 체제를 깨뜨리려는 건데, 과연 미국 달러가 위안화의 도전을 물리치고 미래에도 '킹달러'의 자리를 지킬 수 있을까요?

트리핀 딜레마

예일대 교수였던 로버트 트리핀은 한 나라의 통화가 기축통화가 되면 딜레마에 빠질 수밖에 없다고 주장했어요. 기축통화로 쓰이려면 통화가치가 안정적이어야 하고, 국제 거래가 원활하게 이루어질 만큼 통화량이 많아야 하는데, 이 두 가지를 동시에 달성할 수 없다는 거예요. 이 주장을 '트리핀 딜레마' 또는 '트리핀 역설'라고 불러요. 좀 더 자세히 살펴보지요.

어느 나라든 국제 거래를 하려면 달러가 있어야 해요. 미국은 달러를 찍어 내면 되지만, 다른 나라들은 미국에 상품과 서비스를 팔고 그 대가로 달러를 받아야 합니다. 결국 미국이 무역에서 계속 적자를 보아야만 전 세계 국제 거래를 지탱할 만큼 충분한 양의 달러가 돌아다닐 수 있어요. 하지만 미국의 무역 적자가 지속되면 미국 경제에 대한 신용이 떨어지고 달러의 가치도 점점 떨어지게 돼요. 그렇다고 미국이 무역에서 흑자를 보겠다고 할 수도 없어요. 미국이 흑자를 보면 달러가 미국으로 들어가서 다른 나라들이 국제 거래에 쓸 달러가 모자라게 되니까요.

트리핀의 주장처럼 얼마 지나지 않아 미국 경제에는 문제가 생겼어요. 미국은 달러를 금으로 바꿔 줄 수 없다고 선언하면서 브레튼우즈 체제는 막을 내릴 수밖에 없었어요. 그러나 결과적으로 트리핀 딜레마 상황은 지금까지 이어지고 있어요. 미국은 여전히 엄청난 무역 적자를 내고 있는데, 미국에 대한 믿음은 여전하고 달러는 기축통화의 자리를 지키고 있어요. 아직 미국 달러를 대체할 정도로 막강한 다른 통화가 없기 때문이겠죠? 페트로 달러 체제를 만들어 낸 것처럼, 미국이 수단과 방법을 가리지 않고 자국의 힘과 달러 수요를 지키느라 힘쓰고 있으니까요. 이건 트리핀도 예측하지 못했던 '달러의 아이러니'라고 할 수 있겠네요.

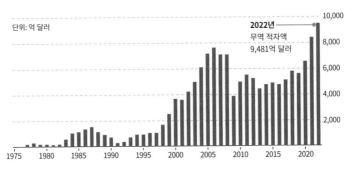

미국의 무역 적자액 추이(1975년 – 2022년) 2022년 미국의 무역 적자액은 약 9,481억 달러로 우리 돈으로는 1,200조 원이 넘는다. 출처: 미국 통계국

국제 거래와 장바구니 물가의 변수
환율

원달러 환율, 13년 6개월 만에 1,400원 돌파

오늘 외환시장에서 원달러 환율이 1,400원을 돌파했습니다.

환율이 1,400원을 넘은 것은 글로벌 금융 위기가 한창이던 2009년 3월

31일 이후 13년 6개월여 만에 처음입니다.

미국과 한국 기준 금리 차이가 계속 벌어지고 있어 달러 가격이

어디까지 오를지 예측하기 어렵습니다.

7월 무역수지가 적자로 돌아서면서 원화를 팔고 달러를 사려는 심리는

더 퍼질 수 있습니다.

당국에서는 외환시장을 안정시키기 위한 여러 조치를 고심 중입니다.

세계 경제에 미치는 영향력이 가장 센 사람이 누구일까요? 사람마다 생각이 다를 순 있지만 아마 많은 사람들이 '미국 연방준비제도 의장'을 떠올릴 거예요. 연준 의장이 공식 기자회견을 하는 날에는 전 세계가 그의 입을 바라봅니다. 그가 미국 기준 금리와 관련되는 작은 실마리라도 던지면 그에 따라서 전 세계 금융시

장이 움직입니다.

연준 의장이 '세계 경제 대통령'이라고 불릴 정도로 막강한 힘을 갖는 건 미국 달러 덕분이에요. 연준은 미국 기준 금리를 조정할 수 있는 권한이 있어요. 여기서 잠깐 복습을 해 보지요. 중앙은행은 물가 안정을 위해 기준 금리를 조정합니다. 중앙은행이 기준 금리를 올리면 시장에 돌아다니는 돈이 줄어들어서 화폐가치가 올라가고, 기준 금리를 내리면 화폐가치가 내려가지요. 다른 나라라면 중앙은행이 내리는 결정의 여파가 나라 밖을 벗어나기 어렵지만, 연준은 기축통화인 미국 달러를 움직여요. 그래서 미국 달러로 연결된 전 세계가 연준이 결정하는 미국 기준 금리의 영향을 받게 됩니다.

뉴스에 나오는 환율은 서로 다른 두 나라의 통화를 교환할 때 적용하는 비율이에요. 원달러 환율이 1,100원이라는 건, 한국 돈 1,100원을 주면 미국 돈 1달러로 바꿔 준다는 말과 같아요. 미국 기준 금리에 즉각 반응하는 것이 바로 **환율**이에요. 어떻게 반응하는지 볼까요?

연준이 기준 금리를 올리면 미국 달러의 가치가 강해지고 상대적으로 한국 원의 몸값은 떨어져요. 이를 반영해 원달러 환율이 올라갑니다. 예를 들어 원달러 환율이 달러당 1,100원에서 1,400

원이 되는 거예요. 이렇게 되면 옛날에는 1,100원만 있으면 1달러로 바꿀 수 있었는데, 이제는 1,400원이 있어야 돼요.

원달러 환율의 변화는 우리 삶에 즉시 영향을 미쳐요. 환율이 올라가면 외국에서 수입하는 상품과 서비스 가격도 올라요. 국제 거래에는 기축통화인 달러를 써야 하기 때문이에요. 중동에서 사오는 원유 가격이 1배럴*당 50달러라고 해 봐요. 원달러 환율이 1,100원일 때는 대금을 치를 때 5만 5,000원이 필요하지만, 환율이 1,400원으로 오르면 7만 원이 있어야 해요. 미국 달러로 표시한 원유 가격은 그대로인데, 한국 원으로는 더 많은 값을 치러야합니다. 우리나라는 식량, 에너지 같은 원자재를 많이 수입하다보니 수입 물가 올라가고, 그에 따라서 소비자물가도 올라가요.

배럴
부피의 단위. 석유를 나무통(barrel)에 담았던 것에서 유래한 단위로 약 159리터에 해당한다.

물론 환율이 올랐을 때 좋은 일도 있어요. 우리나라 상품과 서비스를 외국에 더 잘 팔 수 있게 되거든요. 한국 가격이 154만 원인 스마트폰이 있다고 해 봐요. 원달러 환율이 달러당 1,100원일 때 외국에서 이 제품 가격은 1,400달러 정도인데, 환율이 달러당 1,400원이 되면 1,100달러가 돼요. 마치 할인 판매를 하는 것 같은 효과가 생기니까 한국산 상품을 찾는 소비자가 늘어나겠지요.

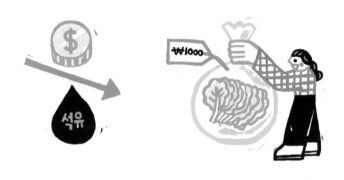

가장 바람직한 상황은 미국 달러와 한국 원의 상대적 가치가 크게 변하지 않고 일정한 범위 안에서 유지되는 거예요. 미국 달러 가치가 갑자기 강해져서 환율이 빠르게 올라가면 장바구니 물가가 올라서 국민들이 고통을 겪을 수밖에 없거든요. 반대로 환율이 급격히 떨어지면 미처 대비하지 못한 수출 기업의 피해가 커져요.

우리나라 중앙은행인 한국은행은 미국 기준 금리의 변화를 지켜보면서 한국 기준 금리를 조정해요. 미국의 보폭에 맞춰 한국도 함께 움직여야 미국 기준 금리가 바뀌면서 우리나라 경제가 받는 충격을 상쇄할 수 있거든요. 자세한 내용은 〈경제 지능 플러스〉에서 확인해 보세요.

한미 금리 역전과 자본 유출

한국은행은 보통 한국 기준 금리를 미국 기준 금리보다 높게 유지하려고 해요. 이렇게 하는 건 다 이유가 있어요.

대다수 투자자들은 한국 원보다는 미국 달러를 더 좋아해요. 미국 달러는 전 세계 어디에서나 쓸 수 있는 데다 미국 경제가 한국 경제보다 훨씬 튼튼하다고 생각하거든요. 다시 말해 미국 달러를 보유하는 게 한국 원을 보유하는 것보다 리스크가 낮다는 뜻이지요.

투자자들의 돈이 한국에 머무르게 하려면 미국보다 더 많은 대가를 줘야 해요. 앞서 '금리'는 돈을 사용한 대가로 주는 이자율, 즉 돈의 가격이라고 했죠? 한국 금리를 높여 돈의 대가를 높게 치러야 투자자들의 돈이 계속 한국 시장에 머물러요.

그런데 일시적으로 한국 기준 금리가 미국보다 낮았던 시기가 있어요. 이런 현상을 '한미 금리 역전'이라고 불러요. 여러 사정으로 한국은행이 미국 연준의 속도에 맞춰 기준 금리를 조정하지 못해서 벌어지는 일이에요. 이렇게 되면 똑같은 돈을 미국에 가져갔을 때 더 큰 수익을 기대할 수 있지요.

한미 금리 역전이 되면 투자자들은 당연히 한국에 투자한 돈을 거둬 미국으로 가져가고 싶은 마음이 생기겠죠? 리스크도 낮은데 수익까지 더 높으니까요. 이렇게 한국에서 돈이 빠져나가는 현상을 '자본 유출'이라고 합니다. 자본 유출이 일어나면 한국 기업의 주식을 파는 외국인이 많아져서 주가가 떨어지고, 원달러 환율도 빠르게 올라가서 한국 경제에 빨간불이 켜집니다. 경제 뉴스에서 늘 미국 금리 소식을 다루고, 한국은행의 대응을 예상하는 것은 이런 이유 때문입니다.

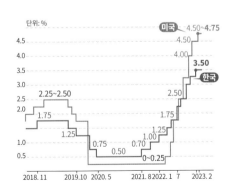

한국과 미국의 기준금리 차이(2018년 - 2023년)

출처: 한국은행, 미국 연방준비제도

국제 거래 세계의 패권 경쟁
보호무역 vs 자유무역

미국 11월 한국산 전기차 판매 급감

미국 시장에서 한국 전기차 판매량이 크게 줄어들었습니다.

현대차 미국 판매 법인에 따르면 11월 아이오닉 판매량은 1,193대로 지난달보다 24.5% 감소했습니다. 기아 전기차인 EV6 판매 대수도 641대에 그치며 46%나 급감했습니다.

이러한 실적은 인플레이션감축법(IRA)의 영향으로 한국산 전기차의 미국 내 가격 경쟁력이 약화된 데 따른 것으로 보입니다.

미국은 지난해 8월 기후변화 대응을 이유로 북미산 전기차 대상으로 최대 보조금 7,500달러를 지급하는 IRA를 발효했습니다. 이 법안은 외국에서 만든 전기차는 혜택을 주는 대상에서 제외해, 한국산 전기차는 상업용 판매를 제외하고는 보조금 지급을 받지 못합니다.

스마트폰을 만드는 나라는 얼마 안 됩니다. 많은 나라가 우리나라, 미국, 중국 같은 나라에서 스마트폰을 수입해요. 여러분이 스마트폰을 수입하는 나라의 대통령이라고 상상해 봐요. 스마트폰

을 수입만 하는 게 마음에 안 들었는데, 마침 한 기업에서 오랜 연구 끝에 스마트폰을 생산하여 시장에 내놓았어요. 그런데 품질과 디자인이 삼성이나 애플이 만든 수입 스마트폰과 경쟁이 되질 않아 팔리지 않아요. 이대로 가다가는 그 기업이 망할 게 뻔합니다. 대통령으로서 자국 기업이 삼성이나 애플과 경쟁할 만큼 성장할 때까지 보호하고 싶은데 방법이 있을까요?

방법이 있습니다. 외국산 스마트폰이 국내로 들어오기 어렵게 무역 장벽을 세우는 거죠. 물론 콘크리트로 진짜 장벽을 세우는 건 아닙니다. 수입 스마트폰에 세금을 왕창 매기는 거예요. 이렇게 상품이 국경을 넘을 때 매기는 세금을 **관세**라고 해요. 수출을 할 때 관세를 매기는 경우도 있긴 하지만, 관세는 대게 수입할 때 낸다고 보면 돼요.

만약 관세율이 50%라면, 수입 원가가 100만 원인 스마트폰은 국경을 넘을 때 50만 원을 세금으로 내야 해요. 그러면 수입한 나라에서 팔리는 수입 스마트폰 가격은 적어도 150만 원이 되겠죠. 반면 자국 기업은 관세를 내지 않아도 되니 아무래도 가격경쟁에서 유리할 거예요.

관세가 아닌 다른 방법으로도 스마트폰 수입을 방해할 수 있어요. 매월 수입할 수 있는 스마트폰 수를 제한하는 **쿼터제**를 시행하거나, 스마트폰을 수입하려면 복잡한 인증을 받도록 하는 거예요. 스마트폰 수입 업체가 지쳐 버릴 만큼 인증 절차는 까다롭게 만들고요. 마치 마라톤 시합을 하면서 외국 선수들한테만 발에 모래주머니를 차고 뛰라고 하는 것과 비슷하죠.

자기 나라에서 만든 스마트폰에만 모래주머니가 아닌 날개를 달아 주는 방법도 있습니다. 국산 스마트폰을 사면 소비자에게 돈을 돌려준다고 하는 거예요. 자연히 소비자들은 국산 스마트폰에 눈길이 가고, 수입 스마트폰 판매는 줄어들겠죠.

뉴스에 나온 **인플레이션감축법 IRA**(Inflation Reduction Act)가 바로 이러한 경우예요. 북미산 전기차에만 보조금을 주니까 한국산 전기차 판매는 감소했잖아요. 이처럼 관세는 아니지만 수입을 줄이기 위해 만들어 낸 모든 방법을 **비관세장벽**이라고 합니다.

방금 이야기에 등장한 대통령처럼 국가가 잘살려면 자국 산업을 보호하고 무역에 간섭해야 한다고 주장하는 걸 **보호무역주의**라고 해요. 보호무역을 하려면 관세와 비관세장벽을 적극적으로 활용해야 하고요.

보호무역주의, 꽤 설득력이 있는 주장이죠? 하지만 이와는 반대로 "잘살려면 나라의 빗장을 열어야 한다."는 주장도 있어요. 국가마다 가장 잘 만들 수 있는 것을 생산해 자유롭게 무역을 하면, 모두 풍요롭게 살 수 있다는 논리예요. 예를 들면 기술이 발달한 한국은 전자 제품을 만들고 땅이 비옥하고 넓은 호주에서는 소를 키우는 데 집중한 뒤, 서로 교환을 하자는 거예요. 그러면 한국 사람들은 맛있는 소고기를 더 많이 먹을 수 있고, 호주 사람들은 최첨단 전자 제품을 더 싼 값에 사용할 수 있으니 누이 좋고 매부 좋은 거래가 되니까요. 이처럼 국가간 자유롭게 무역을 하면 모두가 이익을 본다는 주장을 **자유무역주의**라고 합니다.

자유무역주의를 실현하려면 무역 장벽을 허물거나 낮춰야 해요. 한 나라에서 만든 상품이 국경을 넘어 다른 나라에서 팔릴 수 있는 환경이 돼야 하죠. 이런 내용을 핵심으로 나라와 나라 사이에 자유로운 무역을 하자고 맺는 약속이 **자유무역협정 FTA**(Free Trade Agreement)예요. 우리나라는 칠레와 최초로 FTA를 맺었어요. 그 뒤로 미국, 중국, 유럽연합, 호주 등과 FTA를 맺었어요.

지리적으로 가까운 나라들끼리 자유무역협정을 맺기도 합니다. 북아메리카에 있는 미국, 캐나다, 멕시코도 북미자유무역협정 NAFTA(North America Free Trade Agreement)를 맺고 각종 무역 장벽을 없앴어요. 유럽연합 EU(European Union) 회원국간에는 상품을 자유롭게 사고팔고, 사람들도 다른 나라로 이동해 일자리를 구해요. 유럽연합을 자유무역이 이루어지는 하나의 시장이라고 할

수 있지요.

1995년에 설립된 **세계무역기구 WTO**(World Trade Organization)는
무역 관련 국제기구예요. 회원국 사이에 무역 분쟁이 생겼을 때
WTO의 결정을 따라야 할 정도로 막강한 기구인데, 자유무역주의
를 원칙으로 삼고 있습니다. 여기에 현재 160여 개국이 가입되어
있을 정도로 지난 수십 년 동안은 자유무역주의가 전 세계적으로
널리 지지를 받았어요. 자유무역주의를 전파하는 데 앞장선 건 미
국을 비롯한 선진국이었어요.

그런데 이 뉴스를 보니 미국이 보호무역주의로 돌아선 것 같지
요? 이건 자유무역이 낳은 결과이기도 해요. 무역 장벽이 없는 상

태에서 기업들은 생산 비용을 줄여서 상품 가격을 낮추려고 해요. 그래야 경쟁에서 유리하니까요. 선진국 기업들은 자기 나라에 있던 공장을 닫고, 일할 사람을 구하기 쉽고 임금도 싼 중국, 멕시코, 인도 같은 개발도상국에 공장을 세웠어요. 이렇게 기업이 생산 시설 등 조직의 일부를 해외로 이전하는 현상을 '오프쇼어링(offshoring)'이라고 해요. 오프쇼어링으로 기업들은 비용을 줄일 수 있었지만, 선진국에 있던 안정적인 일자리가 사라졌어요.

이런 이유로 미국을 비롯한 선진국에서 보호무역주의가 다시 힘을 얻기 시작했어요. 각국 정부는 개발도상국으로 떠난 공장들을 다시 국내로 복귀시키는 '리쇼어링(reshoring)'을 정책을 강화하는 중입니다.

자동차 산업과 러스트 벨트

자동차 산업을 '제조업의 꽃'이라고 합니다. 자동차를 만들기 위해서는 철강, 알루미늄, 고무, 섬유 등 다양한 소재가 필요해요. 다양한 소재는 차체, 엔진, 타이어 등 부품을 만드는 데 쓰여요. 자동차 한 대를 만드는 데 필요한 부품만 수만 개에 이른다고 해요.

이 말은 완성차 업체 뒤에는 수많은 협력 업체들이 공급 사슬을 이루고 있다는 걸 뜻해요. 완성차 업체는 현대, 메르세데스 벤츠 같은 브랜드를 달고 자동차를 만들어 소비자에 판매하는 회사랍니다. 자동차에 들어가는 소재를 개발하고 부품을 제작하는 곳은 협력 업체라고 하고요.

그런데 완성차 업체가 휘청거리거나 생산 거점을 다른 국가로 옮겨 버리면 어떻게 될까요? 단순히 완성차 업체에서 일하던 사람뿐 아니라 지역 경제 전체가 영향을 받아요. 완성차 업체가 떠나면 협력 업체들도 납품할 곳이 없어지고, 지역의 일자리가 연쇄적으로 사라지죠.

이게 바로 1970년대부터 미국에서 벌어졌던 일이랍니다. 미국 자동차 회사들이 생신 시설을 해외로 보내는 '오프쇼어링'을 하지 디트로이트, 피츠버그 등 제조업을 이끌던 도시들이 점차 쇠락했어요. 생산을 멈춘 공장에는 녹슨 기계밖에 남지 않았지요. 한때 '철의 벨트'로 불렸던 이 지역은 '러스트 벨트(rust belt, 녹슨 지역)'라고 불리게 됐어요. 러스트 벨트에 퍼진 자유무역주의에 대한 반감은 미국이 무역 정책을 전환하는 데 결정적 역할을 했답니다.

새로 등장한 보호무역 장벽?
탄소 중립

미국 이어 유럽에서도 고개 드는 보호무역주의

보호무역주의가 미국에 이어 유럽연합(EU)에서도 본격화되고 있습니다.

미국 바이든 행정부가 자국에서 생산한 전기차에만 보조금을 주는 인플레이션감축법(IRA)을 만든 데 이어, EU도 탄소국경조정제도 (CBAM)를 올해부터 시범 운영합니다.

CBAM은 탄소 배출 감축을 덜 한 나라에서 만든 제품을 EU에 수출하려면 관세를 더 내라는 조치입니다. 철강, 시멘트, 알루미늄, 비료, 전력 등 6개 품목에 적용됩니다.

기후변화 대응을 앞세우고 있지만, 사실상 EU 내 산업을 보호하려는 조치로 해석됩니다.

혹시 **탄소 중립**이라는 말을 들어 본 적 있나요? 이산화탄소 같은 온실가스 배출량이 '0'이 되는 상태를 가리키는 말입니다. 한편으로는 온실가스를 배출하는 인간 활동을 최대한 줄이고, 또 한편

으로는 숲을 넓힌다거나 하는 방식으로 대기의 온실가스를 흡수해야 가능한 일이죠. 탄소를 내뿜는 양과 흡수하는 양을 같게 해서 순배출을 제로로 만들자는 의미로 '넷제로(Net-Zero)'라고 부르기도 해요.

탄소 중립은 국제사회가 기후변화의 심각성을 인식하고 이를 해결하려는 움직임 속에서 나온 개념이에요. 2015년에 전 세계 195개국이 프랑스 파리에 모여 기후변화를 멈추기 위해 함께 노력하자고 뜻을 모았어요. 그 약속을 '파리협정'이라고 합니다. 우리나라도 2030년까지 온실가스 배출량을 2018년보다 40% 감축하고 2050년까지 탄소 중립을 이루겠다는 목표를 세웠어요.

전 세계가 한마음으로 지구환경을 지키고 지속 가능한 발전을 향해 나아간다는 건 정말 의미 있는 일이에요. 하지만 현실에서는 지속 가능한 발전이라는 목표를 달성하는 방식을 두고 선진국과 개발도상국이 서로 부딪히고 있어요. 특히 많은 나라에서 미국과 유럽연합이 시행하는 탄소 중립 정책이 실제로는 무역 장벽이라고 반발해요. 탄소 중립 정책이 어떻게 보호무역의 도구가 된다는 걸까요?

2022년, 미국은 친환경 산업을 키우겠다고 **인플레이션감축법 IRA**를 만들었어요. 그 안에 전기차를 사면 소비자가 내야 할 세금을 깎아 준다는 내용이 있어요. 전기차를 싸게 살 수 있으니 소비자들은 탄소를 많이 내뿜는 내연기관 자동차를 덜 사겠죠. 그런데 앞서 살펴본 것처럼 이 혜택은 미국 안에서 만든 전기차에만 적용돼요. 그 효과로 미국산 자동차는 많이 팔리고 다른 나라에서 생산한 자동차는 팔리지 않게 되죠. IRA가 친환경을 내세우지만 실제로는 미국으로 가는 자동차 수출을 막는 비관세장벽 역할을 하는 거예요.

유럽연합에서 2023년부터 시범 운영하는 **탄소국경조정제도 CBAM** (Carbon Border Adjustment Mechanism)도 마찬가지예요. 이 제도는 철강, 시멘트, 비료 등 6개 품목에 우선 적용됩니다. 이 제품들을 수입해 유럽연합에서 팔리면 생산과정에서 나온 탄소 배출량을 정확히 신고해야 해요. 2026년 이후에는 신고한 탄소 배출량에 따라 유럽연합의 인증서를 구매해야 하고요. 한국산 철강 1톤을 만들며 나온 탄소가 2톤이라면 인증서 2개를 사야 하는 식이죠. 단, 이미 한국에서 탄소 배출에 대한 비용을 냈다면 그만큼은 깎아 준다고 하네요.

이 제도가 시행되면 유럽연합에 수출하려는 기업은 탄소를 적게 배출하기 위해 애쓸 거예요. 지구 전체로 보아 그만큼 온실가스 배출량이 줄어들기는 하겠지요. 하지만 탄소 배출량을 줄이지 못하면 인증서를 많이 사야 하고 그만큼 제품 가격은 올라갈 거예요. 탄소 배출을 줄이기 위한 설비를 갖추려면 돈이 들어갈 테니그 비용도 가격에 반영이 될 거고요. 가격이 올라가면 유럽연합에서 다른 나라 제품에 대한 수요가 줄어들겠죠? 결과적으로 탄소국경조정제도는 다른 나라의 제품이 유럽연합으로 들어오는 걸 방해하는 장애물이 될 거예요.

개발도상국들은 미국과 유럽연합이 추진하는 탄소 중립 정책이보호무역을 강화하는 일종의 **사다리 걷어차기**라고 비판해요. 선진국들은 수백 년간 탄소를 마음껏 배출하며 경제를 발전시켰으면서 이제는 수출길을 막아 개발도상국이 선진국으로 올라설 수 없도록 사다리를 치워 버린다는 주장이에요. 역사적으로 보면 틀린주장은 아니에요. 산업혁명 이후 배출된 온실가스가 쌓이고 쌓여서 지금 기후변화가 일어나고 있는 거니까요. 그만큼 선진국의 책임이 더 크다고 할 수 있죠.

게다가 미국은 도널드 트럼프 대통령 재임 시절에 일방적으로파리협정에서 탈퇴해 기후변화를 막기 위한 노력에 찬물을 끼얹은 적도 있어요. 바이든 대통령이 취임한 뒤에 바로 재가입했지만말이에요. 탄소 중립은 함께 추진할 목표지만, 선진국이 만든 정책의 역기능이 없는지 따져 볼 여지는 분명히 있겠네요.

　사실 우리나라도 미국과 유럽연합의 움직임이 달갑지 않아요. 그동안 한국은 전 세계로 수출을 하며 경제성장을 했잖아요. 명분이 무엇이든 새로운 무역 장벽이 주요 시장을 가로막기 시작하면 우리나라 경제와 기업들도 영향을 받을 수밖에 없어요. 앞으로도 탄소 중립 같은 환경문제가 경제에 영향을 미칠 가능성이 높아요. 미리미리 대응하지 않으면 장벽에 갇혀 버릴지도 모른답니다.

세계 경제의 두 거물
G2 미국과 중국

바이든 "시진핑, 민주적인 면 없어" …미중 힘겨루기 예고

바이든 미국 대통령이 미국 언론과의 인터뷰에서 시진핑 중국 주석에게
민주적인 면이 전혀 없다고 평가했습니다.

그러면서 당분간 중국과 극한 경쟁이 계속될 것이라고 예고했습니다.

다만 바이든 대통령은 도널드 트럼프 전 대통령과 달리 국제적인 규칙을
따르겠다고 말해, 동맹을 모아 중국을 압박하는 전략을 펼칠 것임을
시사했습니다.

경제 패권과 국제 안보 질서를 두고 미중 힘겨루기가 이어지면서
우리나라도 그 영향을 피하기는 어려울 것으로 보입니다.

　미국 대통령이 중국 주석을 비난했다는 뉴스입니다. 다른 나
라 국가 원수를 이렇게까지 헐뜯는 건 매우 드문 일입니다. 더구
나 미국과 중국은 수교를 맺어 서로 대사관을 두고 있는데 말이에
요. 미국 대통령이 중국 주석을 대놓고 공격하는 이유가 뭘까요?

　1949년 공산주의 이념을 바탕으로 세워진 중국은 자본주의 진

영 국가들과 교류를 하지 않는 베일에 쌓인 곳이었어요. 중국과 자본주의 진영 국가들 사이에는 마치 거대한 장벽이 가로막고 있는 것 같았지요. 그래서 '죽의 장막'이라는 말이 나왔어요. 대나무로 만든 장막이 중국을 볼 수도, 갈 수도 없게 감싸고 있다는 표현이에요. 중국은 1970년대부터 장막 뒤로 서서히 모습을 비추다가 1990년대 이후 본격적으로 장막을 열어젖혔습니다.

이후 점차 시장을 개방하기 시작한 중국은 무섭게 성장했어요. 14억 인구를 바탕으로 '세계의 공장'으로 발전했죠. 중국에서 만든 제품은 값도 싸고 종류도 다양했어요. 미국을 비롯한 선진국에서 '메이드 인 차이나' 제품은 날개 돋친 듯 팔렸습니다.

처음에는 중국의 변화를 환영하는 국가들이 많았어요. 중국에서 만든 제품 덕분에 물가 상승을 막을 수 있었고, 중국이 새로운 시장이 되면서 세계 경제도 성장했어요. 덕분에 전 세계는 약 10년간 '골디락스' 시기를 맞았습니다. 골디락스는 뜨겁지도 차갑지도 않은, 모두가 바라는 경제 상황을 뜻해요.

그런데 시간이 흐르며 상황이 달라졌어요. 중국이 눈부신 성장을 하며 'G2(Group of Two)'로 불리게 된 겁니다. G2는 전 세계에 큰 영향을 미칠 수 있는 2개의 강대국을 의미해요. 나라의 경제 규모를 나타내는 국내총생산(GDP) 기준으로, 미국에 이어 중국이 세계 2위로 올라섰어요. 또 2000년에 약 959달러에 불과했던 중국의 1인당 GDP는 2021년 약 1만 2,500달러로 늘어났어요. 중국인이 20년 만에 무려 13배나 돈을 잘 벌게 된 거죠.

미국을 턱밑까지 쫓아온 중국은 이제 미국을 넘어서겠다는 욕심도 숨기지 않아요. 2012년 중국 국가 주석이 된 시진핑은 '중화 민족의 위대한 부흥을 실현한다.'는 뜻의 '중국몽'을 국가 전략으로 삼았어요. 그러면서 2050년까지 중국을 세계 최강국으로 만들겠다고 했지요.

미국은 중국의 추격이 달갑지 않아요. 미국인은 노동력이 풍부하고 임금이 낮은 국가가 일자리를 빼앗았다고 생각해요. 그 선두에는 중국이 있다고 봤고요. 이런 상황에서 중국이 미국을 넘어설 수도 있다고 하니, 미국으로서는 중국을 큰 위협으로 여길 수

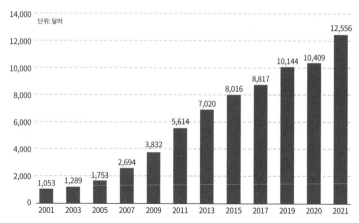

중국의 1인당 GDP(2001년 – 2021년) 중국에서 생산한 모든 상품과 서비스의 가치를 인구수로 나눈 값이다.
출처: 통계청, 세계은행

밖에 없지요.

미국은 중국에 사실상 경제 전쟁을 벌이기 시작합니다. 미국이 인플레이션감축법 같은 수단으로 자유무역에서 보호무역으로 정책을 전환하는 건 사실상 중국을 공격하기 위한 거예요. 미국 행정부와 의회는 중국에서 수입하는 제품에는 높은 관세를 붙이고 화웨이 등 중국의 주요 기업 제품을 미국에서 팔지 못하게 했어요. 한발 더 나아가 반도체 등 첨단산업에 필요한 장비를 중국에 팔거나 중국 공장에 새로 투자하지 말라고 기업들을 압박하고 있지요. 미국 기업뿐 아니라 미국 내에서 사업을 하는 다른 나라 기업들에게까지 말이에요.

중국도 가만있지는 않았어요. 미국과 마찬가지로 중국에 수입되는 미국 제품에 높은 관세를 부과했어요. 앞에서 살펴본 것처럼 중국은 페트로 달러를 흔들면서 위안의 입지를 높이려 하고 있고, 일부 성공을 거두기도 했습니다.

전 세계에서 가장 힘이 센 G2가 벌이는 전쟁은 어떻게 끝날까요? 결과를 쉽게 예측할 순 없지만, 결과가 무엇이든 경제 패권과 국제 안보 질서에 엄청난 영향을 미칠 것이 분명합니다. 우리나라도 그 영향권 아래 있고요. 두 나라의 전쟁을 전 세계가 눈을 크게 뜨고 지켜보는 것도 이런 이유 때문이에요.

G2, G7, G2O

국제 정치나 경제를 다룬 뉴스를 보다 보면 G2, G7, G20과 같은 용어를 자주 접할 수 있습니다. 여러 나라의 모임을 뜻하는 다양한 용어에 대해 함께 알아봐요.

G2는 미국과 중국, 두 나라를 뜻해요. 경제적, 군사적으로 전 세계에서 가장 영향력이 크면서도 서로 대립하고 있는 두 나라의 관계를 표현하기 위해 쓰는 용어예요.

G7은 미국, 일본, 독일, 영국, 프랑스, 캐나다, 이탈리아 7개 나라를 의미합니다. 전통적인 강국으로 분류되는 국가들이 많아서 '선진국 모임'으로 불리기도 해요. G7 소속 국가의 정상들과 유럽연합 대표는 매년 회담을 열어 정치 경제 문제를 논의해요. 과거 러시아까지 포함해 G8으로 모임을 키우기도 했지만, 2014년 러시아가 크림반도를 침공하자 러시아를 모임에서 제외시켰어요.

G20은 전통적인 강국인 G7과 새롭게 경제가 발전하고 있는 신흥국 12곳, 유럽연합이 함께 하는 모임이에요. 우리나라를 비롯해 중국, 아르헨티나, 인도, 튀르키예, 브라질, 멕시코, 호주, 남아프리카공화국, 사우디아라비아, 인도네시아 등이 G20의 회원이지요. 아시아 금융 위기를 거치며 주요국들이 함께 국제적 위기를 해결하자는 목소리가 커지면서, 1999년 처음 모였어요.

○○ **경상수지**: 국가간 상품, 서비스, 자본, 노동 등을 거래하는 '경상거래'로 주고받은 돈을 정산한 결과

　　경상수지 흑자: 경상거래로 우리나라가 번 돈 〉다른 나라가 벌어 가는 돈

　　경상수지 적자: 경상거래로 우리나라가 번 돈 〈 다른 나라가 벌어 가는 돈

○○ **기축통화**: 국제 거래를 할 때 기준으로 사용하는 통화. 1, 2차 세계대전을 지나며 미국 달러가 기축통화가 됐다.

○○ **환율**: 서로 다른 두 나라의 통화를 교환할 때 적용하는 비율. '원달러 환율이 달러당 1,100원'이라는 건 한국 돈 1,100원을 주면 미국 돈 1달러로 바꿀 수 있다는 말과 같다. 환율이 오르면 수입 상품의 가격이 올라 국내 물가가 오르지만, 해외에서 파는 우리 상품의 현지 가격이 낮아지는 효과가 있어 수출에는 도움이 된다.

○ **보호무역주의**: 관세와 비관세 장벽을 쌓아 다른 나라와의 무역을 통제해야 한다는 주장

○ **자유무역주의**: 국가간 무역을 자유롭게 하면 모두가 이익을 본다는 주장

○ **탄소 중립**: 탄소 배출은 줄이고, 탄소를 흡수하거나 제거하는 양은 늘려 실질적 온실가스 배출량을 '0'으로 만든 상태. 최근 선진국의 탄소 중립 정책이 보호무역을 위한 새로운 비관세장벽으로 작동하고 있다.

05

국가 경제와
나라 살림

한 나라 국민이 나눠 먹을 파이의 크기 GDP

내년 경제성장률 1.6% 그칠 듯… "경제 한파 온다"

정부가 내년 한국 경제가 1%대 성장에 그칠 걸로 전망했습니다.

기획재정부는 '2023년 경제정책 방향'을 발표하며 내년 실질

국내총생산 성장률을 1.6%로 예상한다고 밝혔습니다.

교역 부진과 금리 상승의 영향으로 내수, 수출 등 경제 회복이 더딜

것으로 내다봤습니다.

다만 기획재정부는 상반기에 어려움이 집중되고, 하반기로 갈수록 경제

여건이 점차 나아질 것이라고 덧붙였습니다.

　부모님과 이야기하다 보면 가끔 옛날이야기가 나올 때가 있어

요. 그때마다 어김없이 "내가 어릴 때는 말이야"로 시작해서 "지

금 너희는 정말 풍족하게 사는 거야."로 끝나는 말씀을 하지 않나

요? 70~80년대만 해도 우리나라는 국민들이 배고픔에서 갓 벗어

난 개발도상국이었어요. 부모님이 어린 시절을 보낸 대한민국과

여러분이 살고 있는 대한민국은 천지개벽이란 말이 딱 어울릴 만

큼이나 달라요. 우리나라가 개발도상국을 지나 어엿한 선진국 대

열에 합류할 수 있었던 건 눈부신 경제성장을 했기 때문이에요.

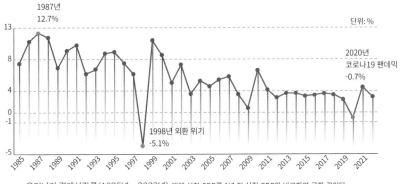

우리나라 경제성장률(1985년 – 2022년) 매해 실질 GDP를 1년 전 실질 GDP와 비교하여 구한 값이다.
출처: 통계청, 한국은행

경제가 성장한다는 건 경제 규모가 커졌다는 뜻이에요. 쉽게 말

해 국민들이 나눠 먹을 수 있는 밥그릇이 커지고 그 안에 담긴 밥

이 늘어난 거죠. 경제 뉴스에서는 "파이가 커진다."라는 표현을 주

로 사용해요. 원주율(π)말고 상상만 해도 군침이 도는 파이(pie) 말

이죠. 아무래도 많은 경제 용어가 영어권에서 왔기 때문에, 밥이

아닌 파이에 경제 규모를 빗대는 것 같아요.

그럼 한 나라의 경제 규모가 얼마나 큰지 어떻게 알 수 있을까

요? **국내총생산 GDP**(Gross Domestic Product)라는 지표로 알 수 있

어요. GDP는 한 나라에서 일정 기간 내에 새로 만들어진 상품과 서비스의 가치를 돈으로 따진 뒤 전부 더해서 구해요. 2022년 우리나라 GDP는 약 2,150조 원입니다. 대한민국에서 2022년 한 해 동안 만든 상품과 서비스의 가격을 모두 더하면 이 정도라는 거예요. 이렇게 구한 것을 **명목 GDP**라고 불러요.

명목 GDP = 재화 1의 생산량 x 현 시점 가격

+ 재화 2의 생산량 x 현 시점 가격 + …

경제 규모를 정확히 알기 위해 고려할 점이 있어요. 작년보다 올해 만든 상품과 서비스는 줄어들었는데, 물가가 크게 오르면 명목 GDP가 커질 수도 있거든요. 물가 상승을 고려하지 않으면 실제로 경제가 성장하지 않았는데 GDP의 숫자만 커질 수 있는 거예요.

경제 규모를 제대로 비교하려면 **실질 GDP**를 봐야 해요. 실질 GDP는 기준 연도의 물가로 계산한 GDP입니다. 물가가 변하지 않는다고 생각하고 생산량이 얼마나 늘었는지만 비교해 볼 수 있는 지표라고 보면 됩니다. 우리나라는 한국은행에서 기준 연도를 5년 주기로 조정하기 때문에 뉴스에서는 '2015년 기준'처럼 기준 연도를 따로 표시해 주기도 해요. 특별한 일이 없는 한 물가는 늘 오르기 때문에 실질 GDP가 명목 GDP보다 액수가 적게 나옵니다.

실질 GDP = 재화 1의 생산량 x 기준 연도 가격

+ 재화 2의 생산량 x 기준 연도 가격 + …

쉽게 이해하기 위해 스마트폰만 생산하는 나라가 있다고 생각해 봐요. 올해 스마트폰을 100대 생산했는데 가격이 한 대에 100만 원이라면, 명목 GDP는 1억 원입니다. 물가가 오르기 전인 기준 연도에 스마트폰 한 대가 70만 원이었다면, 실질 GDP는 7,000만 원이 돼요.

그럼 경제가 얼마나 성장했는지 보여 주는 **경제성장률**은 무엇을 기준으로 해야 할까요? 당연히 실질 GDP를 비교해서 구해야 합니다. 그래야 실제 경제 규모가 어떻게 변했는지 알 수 있으니까요. 뉴스에서 기획재정부가 2023년 경제성장률을 1.6%로 예상한다고 했잖아요. 이건 2023년 실질 GDP가 2022년보다 1.6% 늘어날 것으로 예상한다는 뜻이랍니다.

흔히 경제성장률이 높고 낮은 정도를 **경기**로 표현해요. 경제활동이 활발하게 이루어져서 경제성장률이 높아지는 상황을 '경기가 좋다'고 하죠. 반대로 경제성장률이 낮으면 '경기가 나쁘다'고 말해요. '좋다'와 '나쁘다'라는 표현에서 알 수 있듯이 사람들은 대개 경제성장률이 올라가길 바랍니다.

경기가 좋으면 상품과 서비스를 사려는 사람이 많고 그만큼 기업도 생산을 늘려요. 그에 따라서 기업의 이윤이 늘고 일자리가 늘어나고요. 이걸 **경기회복**이라고 불러요. 여기서 더 나아가 경기가 달아올라 절정에 달하는 건 **호황**이라고 해요. 호황이 오면 기업이 창고에 쌓아 둔 상품을 뜻하는 재고가 줄면서 생산능력을 높이기 위한 투자가 일어나요. 고용이 크게 늘면서 임금도 올라가고 소비자의 수요가 늘면서 물가도 상승합니다.

반대로 경기가 나쁘면 누구나 힘들어해요. 사람들이 돈을 쓰지 않기 때문에 기업의 재고는 쌓이고 투자도 멈춰요. 일자리가 줄어들어서 취업이 되지 않고 실업자가 늘고요. 코로나19 유행 첫해인 2020년에 우리나라 경제성장률은 -0.7%였어요. 그때 모두가 겪었던 어려움을 떠올려 보세요. 사회적거리두기로 인해 인파가 모이는 공공시설, 음식점, 카페 등은 영업을 제대로 할 수 없었고 회사들은 재택근무를 시행했어요. 자연히 생산, 소비 등 경제활동이 정체되면서 모두 힘들어했죠.

이런 상황을 **경기 침체**라고 합니다. 침체가 길어지면 경기가 바닥까지 내려갈 수도 있는데 이런 상황은 **불황**이라고 불러요. 불황이 오면 일자리를 잃은 사람이 넘쳐 나고 가계와 기업은 살아남기 위해 소비와 투자를 극단적으로 줄여요. 그야말로 '사는 게 팍팍하다.'는 말이 절로 튀어나올 정도지요.

다행히 2021년 이후 우리나라 경제성장률은 다시 플러스로 돌아섰어요. 코로나19로 인한 경기 침체가 최악의 불황까지 이어지진 않은 거예요. 하지만 소득분배가 악화하고 잠재성장률이 떨어지면서 우리가 체감하는 경제 상황은 크게 나아지지 않았어요. 이게 무슨 뜻인지 다음 뉴스를 보면서 함께 알아봐요.

나한테 돌아오는 파이 크기는?
1인당 GDP와 지니계수

"일본 1인당 GDP, 올해 타이완, 내년 한국에 추월당해"

일본의 1인당 GDP가 올해 타이완에, 내년에는 한국에 각각 추월당할
것이라는 관측이 나왔습니다.

일본경제연구센터는 아시아·태평양 지역의 경제를 이같이 전망하고
있다고 발표했습니다.

2021년 기준 일본 1인당 GDP는 3만 9,583달러로 한국
3만 4,490달러, 타이완 3만 2,470달러를 웃돌고 있습니다.

하지만 계속되는 엔화 약세로 격차가 빠르게 줄어들고 있어
곧 두 나라에 추월당할 것이라고 설명했습니다.

- -

국내총생산(GDP)은 국가의 경제 규모를 말해 주는 지표입니다.
다시 말해 한 나라가 얼마나 강하고 큰지 알고 싶다면 GDP를 보
면 돼요. 미국 달러 기준으로 환산한 전 세계 GDP 순위를 보면,
미국, 중국, 일본, 독일, 인도, 영국, 프랑스, 이탈리아 등이 상위권
을 차지하고 있어요. 해마다 순위가 조금씩 바뀌긴 하지만 우리나

라도 세계 10위권의 경제 대국이 되었습니다.

이 순위는 '잘사는 나라' 순위와는 조금 달라요. GDP가 높다고 해서 그 나라 사람들이 반드시 돈이 많고 잘사는 건 아니거든요. 예를 들어 인도는 GDP만 따지면 세계 6위쯤 되는데, 인도 사람들이 부자인 것 같진 않잖아요. 인도 같은 나라는 파이가 제법 크지만 그 파이를 나눠 먹을 사람도 너무 많기 때문에 한 사람에게 돌아가는 파이 조각이 작은 거죠.

GDP 국가 순위 (2021년)	
미국	22,996.1
중국	17,734.1
일본	4,937.4
독일	4,223.1
영국	3,186.9
인도	3,173.4
프랑스	2,937.5
이탈리아	2,099.9
캐나다	1,990.8
대한민국	1,810.2

단위: 10억 달러

1인당 GDP 국가 순위 (2021년)	
룩셈부르크	135,683
버뮤다	110,869
아일랜드	99,152
스위스	93,457
노르웨이	89,203
싱가포르	72,794
미국	69,288
아이슬란드	68,384
덴마크	67,803
카타르	61,276

단위: 달러, 출처: 통계청

한 사람에게 돌아갈 파이 크기를 알려면 전체 파이를 식구 수로 나눠야 하겠죠? 그게 바로 **1인당 GDP**예요. 한 나라의 GDP를 그 나라의 인구수로 나눈 값이죠. 1인당 GDP가 높은 나라들은 룩셈부르크, 아일랜드, 노르웨이, 스위스, 싱가포르, 미국 등이에요. 생활수준으로만 따지면 이 나라 사람들이 잘사는 건데, 미국을 빼고는 GDP만 따졌을 때 10위권에 드는 나라는 하나도 없군요. 우리나라는 뉴스에 나온 것처럼 3만 5,000달러쯤 되는데, 이 정도면 꽤 잘사는 편이에요. 참고로 국제통화기금(IMF)은 2023년 전 세계 1인당 GDP가 1만 3,920달러쯤 될 거라고 했어요.

몇 년 전부터 한국인이 일본인보다 잘살게 될 거라는 뉴스가 종종 나왔는데, 이런 분석도 1인당 GDP를 근거로 삼았어요. 일본은 GDP 기준으로 세계 3위 경제 규모를 자랑하는 나라예요. 하지만 인구도 한국의 2배가 넘는 1억 2,300만 명이다 보니 1인당 GDP를 따져 보면 우리나라와 비슷한 거예요.

얼마나 잘사는지 다른 지표로 따져 볼 수도 있어요. **1인당 국민소득**을 기준으로 삼기도 해요. 국민의 생활수준을 주머니에 들어가는 소득으로 판단해 보는 지표이지요. 한 나라의 국민이 국내와 외국에서 벌어들인 소득을 모두 더한 것이 **국민총소득 GNI**(Gross National Income)이에요. 그걸 인구수로 나눈 값이 1인당 국민소득이고요. GDP는 지역을 기준으로 외국에 나간 국민의 생산을 빼고 국내 외국인의 생산은 포함한다면, GNI는 외국에 있는 국민이 번 돈을 포함시키고 국내에 거주하는 외국인의 수입은 제외합니다.

하지만 1인당 GDP나 1인당 국민소득도 그 나라 사람들이 얼마나 잘사는지 알려 주는 완벽한 지표는 아니에요. 두 지표를 계산하는 방법을 보면 알겠지만, 둘 다 평균값이에요. '평균값'이 개인의 생활수준을 제대로 알려 줄 수는 없습니다. 한 나라에는 엄청난 부자와 지독하게 가난한 거지만 살고, 또 다른 나라에는 대다수가 적당히 잘살고 큰 부자와 거지는 별로 없다고 가정해 봐요. 두 나라의 1인당 GDP나 1인당 국민소득이 같다고 하더라도 두 나라 국민들이 똑같이 잘산다고 할 수는 없어요. 이런 상황을 가리켜 **평균의 함정**이라고 합니다.

평균의 함정에 빠지지 않으려면, 사람들이 경제성장의 과실을 골고루 나눠 갖는지 아닌지 알려 주는 소득분배 지표도 함께 보아야 해요. 소득분배 지표 중 국제적으로 가장 널리 쓰이는 건 **지니계수**입니다. 이탈리아의 통계학자인 코라도 지니가 1912년에 개발했어요. 지니계수는 0에서 1사이의 수치로 나타내는데, 이를 해석하는 건 간단해요. 0에 가까울수록 분배가 잘되고 1에 가까울수록 잘되지 않는 상태입니다. 보통 소득분배가 잘 이뤄지는 나라의 지니계수는 0.3에 가깝고 잘 이뤄지지 않는 나라는 0.4에 가깝다고 보면 돼요.

우리나라의 지니계수는 2021년 0.333으로 조사됐어요. 2020년 (0.331)까지 4년 연속 낮아지다가 다시 높아졌어요. 다시 말해 우리나라의 '부의 쏠림'이 한동안 개선되다가 2021년 다시 나빠졌다고 해석할 수 있어요.

국가별 지니계수 (2019년)	
코스타리카	0.478
미국	0.395
영국	0.366
대한민국	0.339
뉴질랜드	0.326
스페인	0.320
네덜란드	0.296
프랑스	0.292
스웨덴	0.280
노르웨이	0.261

출처: 통계청, OECD

1인당 GDP나 1인당 국민소득으로는 삶의 질도 제대로 측정하지 못해요. 삶의 질에는 숫자로 표현되지 않는 것들도 포함되니까요. 사람들이 충분한 여가를 즐기며 사는지, 생활환경이 깨끗하고 오염되지 않았는지, 범죄가 적고 안전한지 등을 고려해야 삶의 질을 제대로 평가할 수 있습니다. "잘살고 싶다."는 바람 속에는 단순히 돈이 많았으면 좋겠다는 것 이상의 복합적인 요소가 담겨 있답니다.

경제성장의 걸림돌
생산 가능 인구 감소

"2040년, 3명 중 1명 65세 이상 노인"

2040년에는 우리나라 인구 3명 중 1명이 65세 이상 노인일 것이라는 전망이 나왔습니다.

통계청은 2040년 생산 가능 인구가 2,676만 명으로 2020년보다 900만 명 가량 줄어들 것으로 전망했습니다. 생산 가능 인구가 전체 인구에서 차지하는 비중은 71.5%에서 55.7%로 떨어질 것으로 보입니다. 반면 65세 이상 고령 인구 비중은 16.1%에서 35.3%로 2배 이상 늘어날 것으로 예측됩니다. 이에 따라 **노년 부양비**˙는 2020년 22.5명에서 2040년 63.4명으로 3배 가까이 증가할 것으로 보입니다.

경제협력개발기구 OECD˙가 내놓은 2060년까지의 장기 전망에 따르면, 한국의 잠재성장률은 현 상황이 유지된다고 가정할 때, 2033년 0%대(0.92%)에 진입하고, 2047년(-0.02%)부터 2060년 (-0.08%)까지 마이너스를 기록하게 됩니다.

노년 부양비
생산 가능 인구 100명 당 65세 이상 인구가 몇 명인지 나타내는 지표로 '노인 부양 인구비' 라고도 한다.

경제협력개발기구 OECD(Organization for Economic Co-operation and Development)
경제성장, 개발도상국 원조, 통상 확대의 세 가지를 주요 목적으로 하여 1961년에 창설된 국제 경제 협력 기구. 우리나라는 1996년에 가입.

볼 때마다 탄식이 절로 나는 경제 뉴스가 있어요. 저출생 고령화가 한창 진행 중인 우리나라 인구구조입니다. 국민들이 나이가 들고 점점 준다는 게 도대체 뭐가 문제기에 이렇게 연일 헤드라인을 장식하는 걸까요? 인구가 줄면 그만큼 경쟁도 줄어들 테니 나쁠 게 없을 거 같은데 그렇지 않은가 봅니다.

경제가 성장한다는 건 상품과 서비스의 생산이 늘어서 국민들이 나눠 먹을 파이가 커지는 일이라고 했죠? 그런데 파이는 가만히 있다고 커지지 않아요. 누군가 열심히 재료를 구하고 반죽을 하고 오븐을 달궈야 큰 파이를 만들 수 있어요.

우리나라 통계청에서는 이렇게 일할 수 있는 사람의 나이를 만 15~64세로 보고 있어요. 여기에 속하는 국민을 **생산 가능 인구(생산연령인구)**로 분류해요. 생산을 할 수 있는 정신적, 육체적 능력을 갖추려면 이 정도 나이는 돼야 한다는 거죠. 일반적으로 15세보다 어리면 아직 학교에서 한창 공부를 할 때고 64세보다 나이가 많으면 은퇴를 했을 시기니까요.

생산 가능 인구가 많다는 건 국가가 많은 재화를 생산할 수 있는 능력이 크다는 걸 의미합니다. 더불어 소비할 수 있는 여력도 많다는 뜻이고요. 일을 하는 사람은 소득이 있고, 소득이 있으면 무언가를 사기 위해 돈을 쓸 여유가 있으니까요.

만약 전체 인구는 그대로인데 생산 가능 인구만 줄어들면 어떻게 될까요? 파이를 나누어 먹을 사람 수는 그대로인데, 파이를 만드는 사람 수는 작아지는 상황이 됩니다. 이전과 똑같은 크기로 파이를 만들려면 일하는 사람들이 점점 일을 많이 해야겠죠.

뉴스를 보니 생산 가능 인구는 줄고 65세 이상 고령 인구는 점점 늘어나네요. 전체 인구도 줄고 있고요. 파이를 나눠야 하는 사람 수도 줄고, 만드는 사람 수도 줄어들고 있는 거예요. 일하는 사람들의 부담이 얼마나 늘어날지 정확하게 파악하려면, 자세하게 따져 보아야 하겠군요.

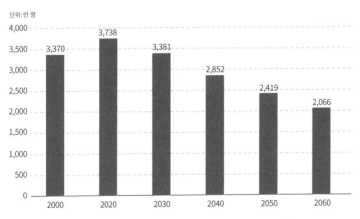

우리나라 생산 가능 인구의 변화 2030년 이후는 현재 추세를 기준으로 미루어 계산한 값이다.
출처: 통계청

노년 부양비라는 게 있습니다. 생산 가능 인구 100명당 고령 인구가 몇 명이나 되는지 나타내는 수치예요. 노년 부양비를 구하는 공식은 다음과 같습니다.

노년 부양비 = (65세 이상 인구 ÷ 생산 가능 인구) × 100

이걸 보면, 생산 가능 인구가 지는 부담이 얼마나 되는지 파악할 수 있어요. 통계청 발표를 보면 2020년 노년 부양비는 21.8명인데, 2040년에는 60.5명으로 3배 가까이 늘어납니다. 지금 추세가 바뀌지 않으면 2070년에는 100.6명이 될 거라고 합니다. 미래 생산 가능 인구가 짊어질 짐이 점점 무거워지겠군요.

인구 감소와 고령화는 경제가 성장할 수 있는 잠재력도 떨어뜨려요. 국가의 성장 잠재력을 보여 주는 지표를 **잠재성장률**이라고 합니다. 한 나라가 가진 자원을 모두 활용해 물가를 자극하지 않고 달성할 수 있는 가장 높은 경제성장률을 뜻하지요. 경제협력개발기구는 현재 2%대인 우리나라의 잠재성장률이 2047년에 마이너스로 돌아설 수 있다는 전망을 내놓았어요. 생산도 소비도 사람이 있어야 일어나는데, 인구가 줄어드니까 잠재성장률이 떨어지는 거예요.

생산 가능 인구 감소는 새로 태어나는 아이가 점점 줄어드는 게 원인이에요. 한 여성이 임신할 수 있는 기간(15~49세)에 낳을 것으로 기대되는 평균 출생아 수를 **합계 출산율**이라고 해요. 우리나라 합계 출산율은 2018년에 처음으로 1 아래로 내려갔어요. 그 뒤로도 점점 낮아져 2023년에 0.72명을 기록했죠. 경제협력개발기구 38개국 중에 꼴찌입니다. 이렇게 출산율이 낮아지면 인구구조는 수십년에 걸쳐 서서히 변해요. 열심히 일하던 중년들은 노인이 되어 하나둘 일터를 떠나는데, 이들이 떠난 자리는 청년들로 다시 채워지지 않는 거죠.

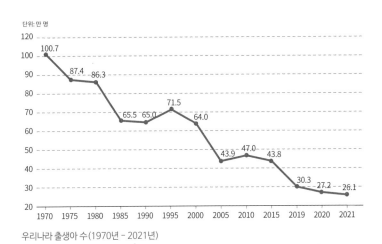

우리나라 출생아 수(1970년 – 2021년)
출처: 통계청

국가와 지방자치단체는 합계 출산율을 끌어올리기 위해 여러 수단을 동원하고 있습니다. 아이가 태어나면 출산 축하금을 지급하거나, 아이가 3명 이상인 가정에 다양한 경제적 혜택을 주기도 하지요. 부모의 보육 부담을 줄여 주는 시설도 늘리고 있고요.

그럼에도 합계 출산율이 올라가지 않으니, 저출생을 해결할 더 획기적인 정책이 필요하다는 목소리도 나옵니다. 이런 고민은 일차적으로 아이를 키우기 좋은 나라를 만들자는 사회적 목표 아래서 나온 것이지만, 생산 가능 인구 감소를 막아 청년들의 미래 부담을 줄여야 한다는 경제적 과제이기도 합니다.

일하고 싶어도 일할 수 없다
고통스러운 **실업**

청년 취업 '뚝' ⋯ 올해도 고용 한파 예고

지난 2월 취업자 수 증가 폭이 2년 만에 가장 낮은 수준을 기록했습니다.
특히 청년 취업자 수는 2년 만에 최대 폭으로 감소했습니다.

통계청이 발표한 '2월 고용 동향'에 따르면 지난달 취업자 수는 2,771만
4,000명으로 지난해 같은 달보다 31만 2,000명 늘었습니다. 2021년
2월 이후 처음으로 40만 명 선이 무너진 것입니다.

연령별로는 60대 이상 취업자는 41만 3,000명 늘었지만, 나머지
연령대에서는 10만 1,000명 감소했습니다. 특히 20대 이하 청년층
고용은 12만 5,000명 줄었습니다.

이에 따라 전체 실업률은 3.1%로 1년 전보다 0.3%p 하락했지만, 20대
이후 청년층 실업률이 7.0%로 0.1%p 상승했습니다. 청년층 고용률도
45.5%로 1년 전보다 0.4%p 떨어져, 2년 만에 하락세로 돌아선 것으로
조사됐습니다.

경제활동을 할 나이에 있는 사람들이 가장 고통스럽게 느끼는
상황이 무엇일까요? 아마 열심히 구직 활동을 하는 데 취업이 잘

되지 않거나, 다니던 회사가 망하거나 어려워져서 갑자기 일자리를 잃어버리는 상황일 거예요. 일을 하지 못해 소득이 없으면 먹고사는 게 힘들 뿐 아니라 나를 찾는 곳이 없다는 불안감 때문에 정신적으로도 고통스럽죠. 이런 취업난이나 실업은 보통 경기가 침체되고 있거나 불황이 오면 늘어나요.

일자리가 없어 고통에 빠진 국민이 늘어난다면 국가는 이걸 잘 극복할 수 있도록 도와줘야 합니다. 그래서 국가는 고용보험 제도를 운영해요. 다달이 월급에서 일정한 금액을 떼어서 보험료로 내도록 하고, 일자리를 잃었을 때는 재취업 활동을 하는 동안 생계비를 지원해 주는 제도예요. 이렇게 주는 생계비를 실업 급여라고 합니다. 이 밖에도 국가는 국민들을 힘들게 하는 실업을 파악하기 위해 여러 가지 조사를 합니다.

실업률은 경제활동인구 중에서 일자리를 얻지 못한 사람들이 얼마나 되는지 보여 주는 지표입니다. 여기서 **경제활동인구**란 15세 이상 인구 중 일하려는 의지가 있으며 일을 할 수 있는 상태에 있는 사람들을 가리킵니다. 일자리가 있거나 최근 4주 동안 구직 활동을 한 사람만 경제활동인구로 봐요. 국방의 의무를 지고 있는 군인은 밖에서 취업해서 일을 할 수 없으므로 경제활동인구에서 제외합니다. 학생도 일을 하는 대신 진학을 선택했으니까 경제활

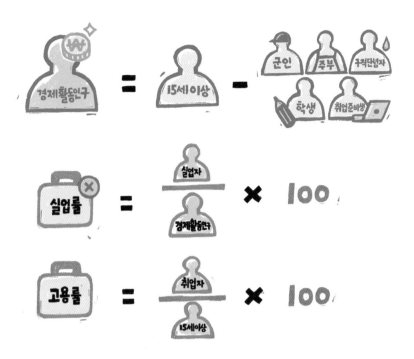

동인구가 아니에요.

경제활동인구로 분류하는 조건이 까다로우니까 구직 단념자(실망 실업자)도 실업자에 포함되지 않아요. 구직 단념자는 구직 활동을 하다 일자리를 구하지 못해 결국 취업을 포기한 사람들이에요. 대학 졸업 후 취직이 되지 않아 어쩔 수 없이 대학원에 진학한 학생은 실업자가 아니에요. 안정적인 직장에 가는 걸 단념하고 아르바이트를 하는 사람도 통계에서는 엄연한 취업자로 취급합니다. 실제로는 실업자와 마찬가지인 사람들이 실업률에 숫자로 잡히지 않는 거죠. 일종의 '숨은 실업자'라고 할 수 있겠네요.

뉴스에서 15~29세 사이인 청년층 실업률이 7.0%라고 한 건, 청년층 전체가 아니라 경제활동인구 중에서 7%가 직장을 갖지 못한 상태라는 뜻입니다. 그렇다면 숨은 실업자를 포함해 실제 취업에 어려움을 겪는 청년은 얼마나 될까요? 이걸 알려면 고용률과 취업자 수 같은 통계까지 종합해 봐야 해요.

고용률은 15세 이상 인구 중에서 취업자가 차지하는 비중입니다. 고용률을 구할 때는 비경제활동인구에 속하는 구직 단념자까지 포함되기 때문에 숨은 실업자의 규모를 파악하는 데 유용해요. 다시 뉴스를 볼까요? 청년층 실업률이 7.0%로 0.1%p 상승했는데, 15~29세 청년층 고용률은 45.5%로 1년 전보다 0.4%p 떨어졌다고 하네요. 실업률이 올라간 폭보다 고용률이 떨어진 폭이 더 큰 걸 보면, 숨은 실업자가 있는 것 같죠?

다른 뉴스를 보니 정부가 실시한 경제활동 상태 조사에서 '쉬었음'이라고 대답한 청년층이 역대 최대라고 해요. 쉬고 있는 이유로는 '원하는 일자리를 찾기 어려워서'라는 대답이 많았고요. 이렇게 대답한 청년들이 앞서 설명한 구직 단념자에 속하는 거죠. 실업률 지표에서 나타나지 않았던 숨은 실업자들이 드디어 보이는 것 같네요.

뉴스에 나온 여러 지표를 보니 청년층이 일자리를 얻는 데 어려움을 겪고 있는 상황에 처한 건 분명해요. 몇 년 뒤 경제활동인구에 속할 여러분도 일자리 동향에 대한 뉴스는 계속 관심을 가지고 지켜봐야겠습니다.

경기적실업과 구조적실업

지금까지 일자리가 줄어드는 걸 주로 경기변동으로 설명했어요. 경기가 나쁘면 기업이 고용을 줄이면서 실업이 생깁니다. 이런 경기적실업은 경기에 따라 늘었다 줄었다 하니까, 경제 상황이 나아지면 실업자들도 곧 다른 일자리를 찾을 수 있어요.

그런데 경기와 상관없이 생기는 실업도 있어요. 기술이 발전하면서 산업 생태계가 변하는데, 쇠퇴하는 산업에서 일하던 노동자들이 새롭게 성장하는 산업으로 옮겨가지 못해 실업 상태에 놓이는 거죠. 이걸 '구조적실업'이라고 합니다.

완벽한 자율 주행이 가능한 자동차가 나왔다고 생각해 봐요. 그러면 운전기술이 필요한 일자리는 점차 줄고, 시간이 흘러도 늘어나지 않을 거예요. 일자리를 잃은 운전기사는 다른 기술을 익혀 새로운 직업을 찾아야 해요. 이건 하루아침에 되진 않아요. 시간과 노력이 많이 필요하죠. 구조적실업에 빠진 사람들은 정말 길고 고통스러운 시간을 보내게 돼요.

인공지능, 자율 주행, 메타버스… 날마다 눈부신 기술 발전 소식이 뉴스를 채우는 만큼 우리나라 산업의 변화 속도도 빨라지고 있어요. 일하는 방식이 달라질 거란 기대만큼, 인간이 기술에 일자리를 빼앗길 수 있다는 걱정도 커졌고요.

그래서 요즘 뉴스에서 사회 안전망을 보완하자는 논의가 함께 나오는 거예요. 우리나라가 현재 구축해 놓은 사회 안전망만으로 노동시장에 불어닥칠 충격에 대응하기 어렵다는 거죠.

예를 들어 '긱 워커(gig worker)'처럼 새로운 형태의 일자리를 위한 보호 장치를 만들자는 목소리가 있어요. 긱 워커는 회사와 근로계약을 맺지 않고 프로젝트 단위로 단기 계약을 맺어 일하는 노동자입니다.

또 기술이 인간의 일자리를 대체하는 것에 대비해, 모든 국민에게 조건 없이 매월 생계비를 지급하는 기본 소득을 도입하자는 제안도 나옵니다.

착륙은 부드러울수록 좋다
경기 연착륙

미 경제, 연착륙 가능할까…4분기 GDP·기업 실적에 쏠린 눈

이번 주에는 미국 경제의 연착륙 가능성을 가늠할 수 있는 경제지표와 기업 실적이 발표될 예정입니다. 전문가들은 특히 지난해 4분기 미국 경제성장률 발표를 주목하고 있습니다. 3분기에 이어 4분기에도 미국 경제가 회복세를 보인다면, 미국이 경착륙 우려에서 벗어났다는 신호가 될 전망입니다.

어닝 시즌에 접어들며 이어지는 기업 실적 발표도 미국 경기를 판단할 수 있는 잣대가 될 것으로 보입니다. 이번 주에는 제너럴일렉트릭(GE), 마이크로소프트(MS), 테슬라, IBM 등이 실적 발표를 앞두고 있습니다.

비행기를 탔을 때 목적지에 거의 다 왔다는 안내 방송이 흘러나오면 은근히 긴장을 하게 돼요. 비행기가 하늘에서 서서히 고도를 낮추다가 땅에 닿는 순간이 곧 온다는 소리니까요. 이때 어떤 비행기는 쿵 소리를 내며 사정없이 바닥에 내려앉는 경착륙을 해요. 반면 어떤 비행기는 언제 땅에 닿는지 모를 정도로 활주로 위

에 미끄러지듯 내려앉아요. 이럴 때면 승객들을 위해 멋지게 연착륙에 성공한 파일럿에 대한 감탄이 절로 나와요.

그런데 경제 뉴스에서도 경착륙, 연착륙이란 단어를 심심치 않게 들을 수 있어요. 경제가 비행기도 아닌데 왜 착륙을 해야 하는 걸까요?

경기가 항상 좋길 바라는 우리의 바람과 다르게 경기는 좋고 나쁨을 반복해요. 경기가 점점 회복되다 호황이 오기도 하고, 경제 활동이 침체되다 불황까지 이어지기도 해요. 마치 일년 동안 계절이 변하는 것과 비슷하죠. 이렇게 경기상승과 경기하강을 반복하는 현상을 '경기변동' 또는 '경기순환'이라고 해요.

그런데 경기가 아주 뜨겁게 달아올랐다, 갑자기 차갑게 식으면 어떨까요? 예를 들어 얼마 전까지만 해도 물건을 만들기만 하면 날개 돋친 듯 팔리고 부동산 가격도 천정부지로 치솟아 거품이 생겼어요. 그러다 어느 날 한순간에 거품이 터지듯 갑자기 물건도 팔리지 않고 부동산 가격도 폭락하는 거예요. 이렇게 경기가 갑자기 냉각되는 현상을 경착륙이라고 해요. 경착륙이 일어나면 사람들이 엄청난 고통과 혼란을 겪게 돼요.

그래서 국가는 경기를 연착륙시키려고 노력합니다. 연착륙은 마치 실력 있는 파일럿이 비행기를 조종하는 것처럼 국민들이 충격을 느끼지 않도록 경기변동이 부드럽게 이뤄지게 만드는 거예요. 이를 위해 국가는 '통화정책'과 '재정 정책'이라는 두 개의 칼을 사용할 수 있어요.

통화정책은 중앙은행이 사용하는 수단이에요. 앞서 한국은행을 비롯해 각국 중앙은행이 물가를 안정적으로 관리하기 위해 존재한다고 배웠죠? 이때 물가 안정이라는 목표는 경기변동과 따로 떼어 생각할 수 없는 문제랍니다. 수요가 늘어나면 경기가 달아오르며 물가도 함께 올라요. 수요가 줄면 경기가 나빠지면서 물가도 떨어지고요. 이런 이유로 중앙은행은 경기와 함께 물가가 움직이면, 이걸 보면서 기준 금리를 조정합니다. 앞에서 중앙은행과 기준 금리에 대해 설명했으니 여기서는 자세한 설명은 하지 않을게요.

정부는 재정 정책을 사용할 수 있어요. 재정 정책은 정부가 쓰는 지출이나 세금을 늘이거나 줄이는 거예요. 경기가 나빠지면 정부는 '확장적 재정 정책'을 사용해요. 예를 들어 정부나 지방자치단체 주도로 고속도로를 새로 뚫거나 다리를 놓는 것처럼 사회 기반 시설(SOC)을 건설할 수 있어요. 그러면 사업에 참여하는 기업은 돈을 벌고 일자리도 생기면서 경제에 온기가 퍼질 거예요. 지역 상권에서 쓸 수 있는 상품권을 할인해서 나눠 주기도 해요. 지갑에 돈이 들어오면 사람들이 소비를 할 테니, 지역 상권을 살리는 데 도움이 될 테니까요. 투자를 하거나 일자리를 만든 기업에 대해서는 세금을 깎아 주는 세제 혜택을 줘서, 더 많은 투자와 고용을 유도하기도 해요.

반대로 경기가 너무 뜨거우면 정부 지출을 줄이고 세금을 더 걷어서 수요를 진정시켜요. 이걸 '긴축적 재정 정책'이라고 합니다. 정부 주도로 하는 건설 사업은 나중으로 미루고 지역 상품권을 나눠 주는 것 같은 현금성 지원도 줄여요. 세금을 깎아 주는 일도 신중히 하고요. 마치 우리가 저축을 늘리기 위해 돈을 아껴 쓰는 것처럼 정부가 씀씀이를 줄이는 거예요.

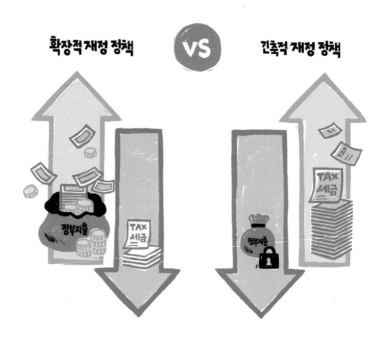

통화정책이 경제 전체에 폭넓게 영향을 미친다면, 재정 정책은 특정 지역이나 계층처럼 보다 좁은 대상에 직접적인 영향을 미쳐요. 중앙은행과 정부는 통화정책과 재정 정책을 적절히 섞어 가며 국가 경제를 조종합니다. 마치 기장과 부기장이 함께 비행기를 조종하는 모습 같죠?

나라 살림의 밑천은
내가 내는 **세금**

코로나19에 지난해 국채 발행 180조 원…역대 최대

코로나19 위기 극복을 위한 재원을 마련하기 위해 국고채 발행 물량이
역대 최대 수준을 기록했습니다.

기획재정부가 발간한 '국채 2021'에 따르면 지난해 국고채 총 발행
규모는 180조 5,000억 원에 달했습니다.

코로나19 확산 이전인 2019년과 비교하면 78조 8,000억 원 늘어난
수준입니다.

국고채 발행으로 마련한 재원은 코로나19 피해 지원금 지급, 백신 물량
확보 등을 위해 쓰인 것으로 나타났습니다.

이 뉴스는 정부가 2021년 한 해 동안 얼마나 빚을 많이 졌는지
에 관한 내용입니다. 정부도 빚을 지냐고요? 그렇습니다. 정부도
돈을 벌고 쓰며, 수입이 모자라면 빚을 내기도 합니다. 정부도 나
라 살림을 하려면 돈이 들기 때문이에요.

중앙정부와 지방정부에서 하는 일은 정말 많습니다. 중앙정부

는 전쟁이 일어나지 않도록 나라를 지키거나 교육과정을 만드는 것처럼 나라 전체를 위한 일을 해요. 지방정부는 지역 문제에 집중해 주민들의 삶을 챙기는 일을 하는데요. 어린이, 노인 등을 위한 시설을 짓거나 지역 축제를 운영하는 것 같은 일 등이 지방정부의 몫이에요.

중앙정부와 지방정부가 일을 하기 위해서는 엄청나게 큰돈이 필요해요. 아무리 나랏일을 한다고 해도 세상에 공짜로 할 수 있는 건 아무것도 없어요. 나라를 지키기 위해서는 전투기, 잠수함 같은 최첨단 무기가 있어야 해요. 공공시설을 짓기 위해서는 벽돌, 철근 같은 자재가 필요하죠. 도서관, 학교 등에서 일을 하는 사람들에게 당연히 임금도 줘야 하고요. 청년 고용을 확대하기 위한 정책도 돈을 쓰지 않으면 실행할 수 없어요.

그렇다면 나랏일을 하기 위해 필요한 돈을 어떻게 마련할까요? 우선 국민과 기업으로부터 세금을 걷어요. 이걸 **세수**라고 해요. 세금은 크게 직접세와 간접세로 나눌 수 있어요.

직접세는 경제주체들이 국가에 직접 납부하는 세금이에요. 국민은 일을 해서 돈을 벌면 소득의 일부를 떼어 소득세로 내요. 기업도 이익을 남기면 일부를 법인세를 내야 합니다. 집이나 땅 같은 재산에 붙는 세금도 있어요. 집이나 땅을 새로 살 때는 취득세와 등록세를 내야 하고, 집이나 땅을 소유하고 있다면 재산세도 내야 해요. 자동차를 소유해도 자동차세를 내요.

대표적인 직접세인 소득세와 법인세는 누진세예요. 벌어들인 돈이 많을수록 높은 세율을 적용하는 거죠. 수입이 많은 쪽에서는 불만이겠죠? 그런데도 대부분의 나라에서 누진세 제도를 도입한 건 소득재분배 효과 때문입니다. 돈을 많이 버는 사람들이 세금을 더 부담하고, 그 돈이 국가의 복지 정책을 통해 적게 번 사람에게 흘러가면, 소득 격차가 줄어드는 효과가 생기거든요.

간접세는 세금을 부담하는 사람과 납부하는 사람이 다른 세금이에요. 상품과 서비스를 사고팔 때 부과하는 부가가치세, 보석이

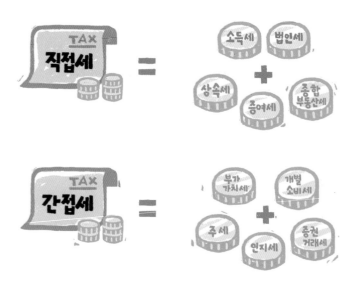

나 자동차처럼 값비싼 품목에 특별히 부과하는 개별소비세, 술에 부과하는 주세 등이 있어요. 사람들은 일상생활을 하면서 늘 간접세를 내지만, 자신이 세금을 낸다는 걸 잘 느끼지 못해요.

카페에서 4,500원짜리 주스 한 잔을 마시고 받은 영수증을 보면 '과세물품가액 4,091원, 부가가치세(VAT) 409원'이라고 적혀 있을 거예요. 이건 실제 주스값은 4,091원인데 여기에 부과하는 세금이 409원이라는 뜻이에요. 사람들이 보통 4,500원이 주스값이라고 여기고 내고 말지만 거기에는 세금이 포함되어 있는 거죠. 이렇게 소비자가 낸 세금은 카페 주인이 한꺼번에 국가에 납부합니다. 그래서 간접세라고 해요.

도서 같은 일부 품목을 빼고는 거의 모든 상품과 서비스에 부가가치세가 붙기 때문에, 모두가 일상생활을 하면서 세금을 내게 됩니다. 여러분도 편의점에 들러서 과자나 아이스크림을 사는 순간 세금을 내요. 자신도 모르는 사이에 나라 살림에 보탬을 주고 있는 셈이죠. 부가가치세는 소득세와 달리 모든 사람에게 같은 세율을 매겨요. 부자든 가난한 사람이든 똑같이 돈을 쓴다면 내는 세금도 똑같습니다. 이런 방식은 비례세라고 해요.

세금 말고도 국가가 수입을 얻는 방법이 있어요. 정부가 갖고 있지만 사용하지 않는 부동산을 민간에 팔 수 있어요. 지하철, 공항, 발전소 등 공공시설을 운영하거나 서비스를 제공하는 공기업을 만들고, 공기업이 이익을 내면 배당을 받기도 해요. 이렇게 세금을 제외하고 정부가 거둔 모든 수입은 **세외수입**이라고 해요.

경기가 좋을 때 세금이 잘 걷혀요. 개인이나 기업이 돈을 잘 벌고 자산을 활발하게 사고팔수록 더 많은 직접세가 걷히니까요. 게다가 값비싼 상품과 서비스가 많이 팔리면 간접세도 잘 걷히지요.

반대로 경기가 좋지 않으면 국가의 수입도 줄어들어요. 경제활동이 위축되는 만큼 세금도 잘 안 걷히는 거예요. 문제는 국가가 정작 돈을 많이 써야 할 시기는 경기가 좋지 않을 때라는 거예요.

국가도 수입보다 지출할 곳이 많을 때는 돈을 빌려줄 투자자를 찾아요. 우리나라 안에서 돈을 빌릴 때도 있지만 외국인 투자자로부터 빌리는 경우도 많아요. 이때 국가는 돈을 빌린 원금, 돈을 빌린 기간, 지급하기로 약속한 금리가 적힌 일종의 차용증서인 채권을 발행해요. 중앙정부가 발행한 채권은 **국채**, 지방자치단체가 발행한 채권은 **지방채**라고 합니다. 이 중 중앙정부가 가장 많이 발행하는 **국고채**는 재정 정책을 펼치는 데 필요한 자금을 마련하기 위해 발행하는 국채의 한 종류랍니다.

꼼꼼하게 뜯어보자, 나라 살림의 가계부
정부 예산안

현 정부 첫 예산안 편성 … "1,000조 넘는 나랏빚 줄인다"

새 정부 들어 첫 새해 예산안이 편성됐습니다. 정부가 예상한 내년도
수입은 625조 9,000억 원, 지출은 639조 원입니다.

지난 5년 동안 지출은 연평균 8.7%씩 늘었는데, 이번에는 5.2% 증가에
그쳤습니다. 코로나19 대응을 위해 늘렸던 씀씀이를 줄여 나가면서
1,070조 원이 넘는 나랏빚을 관리하겠다는 의도입니다.

다만 청년층과 취약 계층 등 사회적 약자를 위한 예산은 전년보다 8조
9,000억 원 늘렸습니다. 정부가 마련한 새해 예산안은 올 연말까지
국회 심의를 거쳐 확정될 예정입니다.

살림을 잘 꾸리려면 어떻게 해야 할까요? 매달 돈이 나갈 곳과
들어올 곳을 잘 따져서 계획을 세우고, 돈 쓸 일이 많으면 우선순
위를 정합니다. 한 달이 지난 뒤에는 계획대로 돈을 잘 사용했는
지 점검하고 다음 달 계획을 다시 세워요.

국가도 비슷해요. 나라 살림을 어떻게 꾸릴 거라고 세운 계획

을 **예산안**이라고 해요. 일반적으로 1년 단위로 예산안을 편성합니다. 예산안은 크게 돈을 어떻게 마련할지 정리한 **세입**과 돈을 어디에 쓸지 정리한 **세출**로 구성돼 있어요.

예산안을 보면 다음 해 정부가 일하려는 방향을 알 수 있어요. 총지출이 크게 늘었다면 가라앉은 경기를 부양하는 걸 중요시한다는 거예요. 반대로 총지출이 줄었다면 경기 부양보다 재정 건전성 확보가 더 중요하다고 판단한 거고요. 또 국방, 복지, 교육, 외교 등 분야별 예산을 보면 정부가 어떤 분야를 중요하게 생각하는지도 알 수 있어요. 아무래도 중요하게 생각하는 분야일수록 하려는 일도 많고 돈도 더 필요하기 마련이거든요. 그러니까 정부가 어떤 일을 하려는지 알려면 공무원이나 정치인의 말보다 예산을 살펴보는 게 더 정확해요.

1년간 국가가 쓰는 돈의 규모는 정말 어마어마합니다. 중앙정부의 총지출만 봐도 2022년 608조 원, 2023년 639조 원, 2024년 657조 원으로 꾸준히 늘고 있어요. 이렇게 큰돈이 '눈먼 돈'이 되지 않게 하려면 돈을 어떻게 쓰는지 제대로 점검하고 관리해야 해요. 앞에서 살펴봤던 것처럼 국가가 쓰는 돈은 국민들이 내는 세금과 미래에 갚아야 할 빚으로 마련한 것이기 때문이에요. 또 예산은 우리나라가 나아갈 방향을 나타내는 것이기도 하고요.

예산안은 정부에서 초안을 마련한 뒤 의회에서 심의를 하고 의결하는 과정을 거쳐요. 중앙정부의 예산은 국회가, 지방정부의 예산은 지방의회가 살펴보지요. 한 해가 지나가면 정부가 돈을 제대로 썼는지 결산하는 것도 의회의 몫이에요. 물론 이 모든 과정은 납세자인 국민에게 투명하게 공개해야 합니다.

때로는 예상하지 못한 사태로 정부가 계획에 없었던 지출을 해야만 할 때가 있어요. 급격한 경기 침체로 예상했던 것보다 세금이 덜 걷혀서 돈을 마련할 다른 방안을 마련해야 할 때도 있고요. 이럴 때 국가는 1년치 계획인 본예산과 별도로 **추가경정예산**을 편성해서 대응해요. 2022년에는 중앙정부가 원래 608조 원을 쓰기로 했는데 이후 1, 2차 추경을 편성해 41조 원을 더 사용했어요. 코로나19 유행이 예상했던 것보다 길어지면서, 국가가 나서서 할 일과 이에 따른 지출이 늘어났거든요.

코로나19 팬데믹 같은 특별한 일이 벌어지지 않는데도 자꾸 추경예산을 편성한다는 건 본예산을 꼼꼼하게 짜지 못했다는 신호입니다. 추경예산도 본예산과 마찬가지로 의회 심의를 받도록 한 것도 이런 문제가 없는지 살펴보기 위한 거랍니다.

뉴스를 보니 새해 예산에는 수입보다 지출이 많네요. 이런 상태를 뭐라고 하는지 알고 있죠? 맞아요, 적자입니다. 정확하게는 재정 적자라고 하지요. 정부 살림살이를 재정이라고 하거든요. 가정 살림에서 적자가 나면 큰일입니다. 재정 적자도 절대 일어나서는 안 되는 큰일일까요?

반드시 그렇지는 않아요. 정부도 경제활동을 하는 주체의 하나입니다. 우리나라의 GDP 대비 정부 지출이 매년 20~30%쯤 되니까 규모가 아주 큰 주체죠. 앞서 살펴본 것처럼 정부 지출을 늘리는 확장적 재정 정책을 펴서 경기가 연착륙할 수 있다면, 적자를 보는 것도 감수할 만해요.

다만 재정 적자가 계속 쌓이는 건 조심해야 해요. 국가도 들어오는 돈보다 나가는 돈이 많으면 빚을 내야 한다고 했잖아요? 이걸 '국가 채무'라고 해요. 국가 채무는 미래 세대가 언젠가 세금을 내서 갚아야 할 부담이기 때문에 무한정 늘리면 안 돼요. 국가가 쓸 돈을 외국인 투자자로부터 빌려 오는 경우도 많은데, 나랏빚이 갚기 어려운 수준까지 늘어나면 더 이상 돈을 빌리기 어려워지기도 하고요. 다시 말해 국가가 대외적인 신용을 잃는 거죠. 뉴스에서 정부가 늘어난 나랏빚을 관리하겠다고 한 데는 이런 이유가 있습니다.

국내총생산 GDP: 'Gross Domestic Product'를 줄인 말로 한 나라에서 일정 기간 내에 새로 만들어진 상품과 서비스의 가치를 돈으로 따진 뒤 전부 더한 값. 한 나라의 경제 규모를 나타낸다.

1인당 GDP: 한 나라의 GDP를 그 나라의 인구수로 나눈 값. 한 나라의 국민이 얼마나 잘사는지 판단하는 중요한 지표

지니계수: 소득을 사람들이 얼마나 골고루 나눠 갖는지 보여 주는 지표. 0과 1 사이의 수치로 표현하며, 0에 가까울수록 분배가 잘되고, 1에 가까울수록 잘되지 않은 상태이다.

생산 가능 인구: 생산에 참여할 수 있는 나이대의 인구로 '생산연령인구'라고도 한다. 우리나라에서는 15~64세 사이 인구를 가리킨다. 우리나라의 생산 가능 인구는 감소하는 추세인데, 이 때문에 노인 부양 부담이 커지고 잠재성장률이 떨어질 것으로 예측된다.

실업률: 경제활동인구(15세 이상 인구 중 일하려는 의지가 있고 일할 수 있는 상태에 있는 인구) 중에서 일자리를 얻지 못한 사람들의 비율. 실업률에는 숨은 실업자가 반영되지 않으므로, 노동시장을 정확히 파악하기 위해서는 다른 지표를 함께 살펴야 한다.

고용률: 15세 이상 인구 중에서 취업자가 차지하는 비중. 숨은 실업자를 파악하기 위해 실업률과 함께 봐야 하는 지표

세금: 국가 또는 지방자치단체에서 필요한 경비를 마련하기 위해 개인과 기업으로부터 걷는 돈. 소득세, 법인세, 부가가치세 등이 있다.

예산안: 정부가 1년 동안 나라 살림을 어떻게 꾸릴지 세운 계획. 돈을 어떻게 마련할지 정리한 세입과 돈을 어디에 쓸지 정리한 세출로 구성한다. 정부가 제출한 예산안을 의회에서 심의하여 확정한다.

참 고 문 헌

한국은행, 《우리나라의 물가 통계》 2019

한국은행, 《한국의 통화정책》 2017

석혜원, 《돈과 금융 쫌 아는 10대》 풀빛, 2021

한국거래소, 《초보 투자자를 위한 증권과 투자 따라잡기》 2021

한국은행, 《우리나라 국제수지 통계의 이해》 2016

한국은행, 《알기 쉬운 경제지표해설》 2019

기획재정부, 《국채 2022》 2023

뉴스로 키우는 경제 지능

초판 1쇄 발행 2023년 7월 15일
2쇄 발행 2024년 6월 4일
지은이 연유진
그림 이한아
펴낸이 이선아 신동경
펴낸곳 판퍼블리싱
출판등록 2022년 9월 21일 제2022-000007호
주소 서울시 마포구 연남로3길 73-6 2층
이메일 panpublishing@naver.com

ⓒ 연유진, 2023

ISBN 979-11-983600-0-7 44300
979-11-983600-1-4(세트)